AI와 리더십

AI문고

인공지능 시대입니다. 기계가 인간의 인지를 대신하고, 사물이 인간을 통하지 않고 다른 사물과 직접 커뮤니케이션합니다. 이에 따른 인간 삶과 문명 변화를 정확히 이해·예측·대응하는 것은 이 시대 우리 모두의 과제입니다. AI문고는 인공지능 기술과 환경의 여러 주제를 10가지 키워드로 정리합니다. 관련 개념과 이론, 학계와 산업계의 쟁점, 우리 일상의 변화를 다룹니다. 인간과 기술의 현재, 미래를 세심히 분석합니다.

일러두기

- 인명, 작품명, 저서명, 개념어 등은 한글과 함께 괄호 안에 해당 국가의 원어를 병기했습니다.
- 외래어 표기는 현행 어문규정의 외래어표기법을 따랐습니다. 다만 '쇠얀 오뷔에 키에르케고어(Søren Kierkegaard)'는 저자의 요청에 따라 한국키에르케고어학회에서 정한 표기를 따랐습니다.

처음이세요?

전문가세요?

AI와 리더십

황종환

대한민국, 서울, 커뮤니케이션북스, 2025

AI와 리더십

지은이 황종환
펴낸이 박영률

초판 1쇄 펴낸날 2025년 2월 26일

커뮤니케이션북스(주)
출판 등록 2007년 8월 17일 제313-2007-000166호
02880 서울시 성북구 성북로 5-11
전화(02) 7474 001, 팩스(02) 736 5047
commbooks@commbooks.com
www.commbooks.com

ISBN 979-11-7307-545-2 03500

책값은 뒤표지에 표시되어 있습니다.

차례

'나'의 표현과 번영: AI와 리더십

'나' 즉 자아는 우리가 받은 최고의 선물이다. 자아를 계발하면서 새로운 체험과 번영하는 삶이 열린다. '나'는 다른 사람을 만나기 전 나 자신을 먼저 만난다. 자신의 자존감이 형성되면 타인을 귀하게 대한다. 자아의 발달은 고결한 성품과 경제적 번영을 성취하게 한다. 번영하는 삶은 AI로 표현되며 리더십(leadership)의 근거다. 사회적 영향력으로서 리더십은 자기 자신과의 정직한 의사소통에서 출발한다.

우리는 유한한 시간을 살아가지만, 영원한 성취를 남기고자 한다. 즉, 자기 삶의 흔적을 남기려는 깊은 소원이 있다. 자기 삶의 발자국을 남기고 싶은 마음은 본능의 충족과 시공간의 한계를 극복해 왔다. 마침내 AI를 통해 물리적 한계를 극복하고 있다. 자아의 표현은 오늘날 정교한 AI를 생산하며 시간과 공간의 한계를 극복하면서 확장되고 있다.

나는 자아의 표현으로서 AI와 리더십을 받아들이며 번영하는 삶을 찾고자 한다. 우리의 가능성을 실제 현실로 만드는 능력이 AI와 함께 확장되고 있다. 사회적 영향력으로서 리더십도 AI를 동반하며 확장되고 있다. 리더십은 단지 말이나 주장이 아니라 구체적 실천으로써 영향력을 발휘한다. 각자 자신의 가능성이 실제 현실이 되면서 AI를 수단으로 의사소통이 이루어지고 있다.

한국 사회는 6 · 25전쟁 이후 절대 가난에서 국제 연합(UN)이 공인한 선진국이 되었다. 그러나 국민 절반이 만성적 울분, 높은 자살률, 과도한 가계 부채 등으로 삶의 만족도가 높지 않다. 이런 부정적 현실을 극복하고 우리는 번영하는 삶을 성취하고자 한다. 삶의 성취로서 번영하는 생활은 사회적 지위보다 더 중요하다. 우리 사회의 낮은 행복지수는 자아의식의 상실 때문이다.

쇠얀 키에르케고어(Søren Kierkegaard, 1813~1855)는 자아가 삶에 깃든 불안과 함께 형성된다고 보았다. 자신의 가능성을 실제 현실로 만들면서 경험하는 실존적 불안은 인간만의 독특한 현실이다. 사람은 유한과 무한, 필연과 자유, 순간과 영원의 결합이기에 불안하다. 우리는 불안을 피하고 싶어 하면서 또한 불안을 통해서 새로운 차원으로 나아가려고 한다. 이렇게 삶에 깃든 불안의 극복은 마음의 상처를 치유하고 번영의 삶을 가능하게 한다.

실존적 불안을 극복해 가며 형성되는 자아를 정의하거나 제한할 수 없다. 무엇을 정의하려는 시도는 이미 그 자체로 제한한다는 뜻이다. 서로 사랑하는 사람들에게 사랑의 정의를 찾기란 어렵다. 하느님을 깊이 체험하며 살아가는 사람들에게 하느님의 존재 증명은 참으로 난감한 일이다. 영원한 삶을 동경하는 사람은 순간을 영원한 삶 안에서 받아들인다.

나와 너는 우리의 삶이 구체적으로 번영하길 원한다. 키에르케고어는 단지 생각만 하고 현실을 바꾸지 못하는 독일 관념론을 비판했다. 그는 독일 관념론자들의 깊은 생각을 일방적으로 비판하지 않았고 구체적 현실의 변화를 원했다. 당연히 그 역시 깊은 생각으로 번영하는 삶을 추구했다. 자아의 형성이 깊어질수록 세상의 모든 모순을 품고 살아갈 수 있다.

번영하는 삶은 AI를 통해 표현되고 확장된다. 사람은 영원한 성취를 남기고 싶어 한다. 단지 생각이 아니라 삶을 실제로 변화시킬 때 자신을 스스로 매력적으로 보게 된다. 자신을 매력적으로 받아들일 때 타인도 나에게 기대한다. 이렇게 나와 네가 서로 매력적일 때 의사소통으로서 리더십이 발휘되기 시작한다.

자아는 감각적 향락에서 시작해 윤리적, 종교적 차원

으로 발달한다. 감각적 향락으로 살아가면 타인은 쾌락의 대상일 뿐이다. 삶을 전체적으로 받아들이지 못하고 단기간 이익과 향락에 매달리게 된다. 작은 손실로 큰 이익을 추구하는 것이 늘 관심이다. 즉, 자기 이익을 극대화하며 살아가고자 한다. 이런 생활에서는 외부의 상황이 행동 결정에 결정적 영향을 미친다. 리더십은 윤리적 성품과 경제적 번영을 통해 영향력을 발휘한다.

감각적 향락 추구의 리더십은 상대를 나의 이익을 위한 수단으로 여긴다. 이런 수준의 생활에서는 타인을 나의 목적 달성의 수단으로 대하는 태도를 당연하게 받아들인다. 타인을 자신의 목적 성취의 수단 정도로 보는 리더십은 전체주의나 권위주의 사회에서 흔히 볼 수 있다. 이런 사회에서는 자아를 충분히 표현할 수 없으니 삶의 만족이 한계에 다다를 수밖에 없다.

윤리적 단계의 지도력은 자신에게 주어진 책임을 중요하게 받아들인다. 사회적 책임의 리더십은 각 개인이 공동체 안에서 살아간다는 점을 중시한다. 각자 자신의 가능성을 열정적으로 실현하고자 한다. 이 단계에서 자아는 사회적 역할로서 이해된다. 이런 리더십은 구체적 생활에서 보편적 타당성을 중요시한다. 윤리적 리더십은 사회적 책임을 중요시하지만 실제로는 그렇게 살지 못하는 자신을 경험한다.

종교적 리더십을 가진 사람은 삶의 영원한 발자국을 남기고 싶어 한다. 이런 소원은 기존의 사회 규범을 새롭게 변화시키려고 한다. 성숙한 자아로서 종교적 단계는 이익과 손해의 차원을 넘어 세상을 살아 있는 생명체로 바라본다. 종교적 리더십에서 자아의 활동은 새로운 도전과 창조적 활동을 통해 표현된다. 이러한 지도력은 보편적 규범을 넘어서서 자신만의 고유한 삶의 흔적을 남기려고 한다.

키에르케고어의 『두려움과 떨림』은 윤리적 성품이 실제로 가능한 영원한 존재와의 관계를 서술한다. 윤리적 삶이 실제 생활에서 가능한 영원한 존재와의 관계는 "윤리적인 것의 목적론적 정지(teleological suspension of the ethical)"를 통해 체험된다. 즉, 영원한 삶에 대한 간절한 소원은 사회적 규범을 넘어서 영원한 존재와 절대적으로 관계한다. 이런 절대적 관계는 자신의 윤리적 가능성을 현실 생활에서 실현하게 한다.

종교적 차원의 삶은 사고가 멈추는 곳에서 시작한다. 이런 생활에서 사람은 영원한 존재와 관계할 때 자기답게 홀로 설 수 있게 된다. 실존적 현실에서 선택은 "이것이냐, 저것이냐?" 사이의 갈등이 아니라 "영원한 존재와 다른 상대적인 것" 사이의 결단이다. 자아의 형성과 번영이 영원한 존재와의 관계에서 이루어진다면 이는 하느님의 선물이다.

종교적 삶은 논리적 추론을 넘어서며 영원한 존재를 절대적으로 믿으며 살아간다. 하느님의 절대적이고 무한한 뜻은 인간의 이해를 넘어선다. 믿음의 생활은 절대적 존재와는 절대적으로 관계하고 상대적 인간이나 사물에는 상대적으로 관계한다. 이런 신앙은 소크라테스가 추구했던 보편적 규범으로서 윤리를 넘어선다.

치밀한 이론의 대표자라도 결단의 순간에는 실존하는 한 사람이다. 삶에 깃든 불안을 극복하면서 번영하는 삶이 성취된다. 삶에서 큰 성취를 이룩한 사람은 불안을 친구처럼 받아들였다. 번영하는 생활은 의사소통을 가능하게 하고 리더십을 발휘한다. 나와 너의 의사소통이 마침내 정교한 AI를 통해 이루어지고 있다.

고대에는 태양이 뜨고 지며 계절이 바뀌는 데서 자연의 법칙을 찾았다. 객관적으로 세상을 이해하려는 노력이 AI를 생산하고 있다. 인간의 지능을 넘어선 AI는 단지 기계적 작동이 아니라 나와 너의 의사소통을 위한 최첨단 방법이다. 자아의 이해가 깊어질수록 본능과 직접적 욕구 충족을 넘어서서 문화를 창조하며 AI를 통한 리더십을 발휘하고 있다.

의사소통의 리더십은 AI, GAI(generative AI, 생성형 인공지능)로 확장되고 있다. 물리적 한계를 극복하려는 자아는 AI, GAI를 통해 정교하게 표현된다. 의사소통의 리더십에서 인간 지능보다 훨씬 뛰어난 기능으로 AI, GAI 등이 실제로 활용되고 있다. AI, GAI에 대해 자아의 지평을 새롭게 펼친다는 낙관적 주장과 비현실적 미래에 대한 지나친 기대라는 비판적 견해가 함께 있다.

휴버트 드레이퍼스(Hubert Dreyfus) 등은 체화(體化)된 인지(embodied cognition) 이론을 주장한다. 사람이 무엇을 알아가는 과정은 단지 뇌의 기능이 아니라 몸 전체와 관계한다는 뜻이다. 나는 체화된 인지 이론에서 더 나아가 사람은 본래부터 누구와 의사소통하면서 살아간다고 생각한다. 우리는 영원한 존재와 관계하는 만큼 더 깊이 의사소통하며 활동할 수 있다.

인간은 정보의 공유 이전에 서로 인격적으로 경험하며 만난다. 사실 사회적 관계 이전에 '나' 자신이 이미 '나'와 인격적으로 의사소통하고 있다. 인간과 인간의 관계가 단지 지식과 정보의 공유라면 앞으로 교육 등 여러 방면에서 AI가 인간을 대신하게 될 것이다. 그런데 정보의 증가가 반드시 더 나은 생활을 보장하지는 않는다. 의학적 지식이 장수를, 경제적 지식이 부유한 삶을 반드시 보장하지는 않는다.

한국 사회는 이미 높은 디지털 수용 능력을 보여 왔다. 이런 현실에서 AI, GAI 등에 대한 윤리적 고찰이 요구된다. AI, GAI는 윤리적 판단에 영향을 미치는 정보를 제공하더라도 윤리적 판단의 주체일 수는 없다. 물론 윤리적 주체로서 인간이 AI, GAI로부터 다양한 정보를 습득하는 과정은 바람직하다. 인간보다 폭넓은 정보를 제공하더라도 윤리적 주체로서 고결한 성품의 매력을 AI, GAI에게 기대할 수는 없다.

각자 자신만의 고유한 영혼의 활동은 감각적 만족을 넘어서 AI, GAI를 활용하며 확장되고 있다. 자기 삶의 발자국을 남기고 싶은 소원은 AI, GAI를 실제 생활에 활용할 용기를 갖게 한다. 자아의 표현으로서 AI, GAI는 더욱 정교한 의사소통으로 발전할 것이다. AI가 문제 해결력은 인간보다 훨씬 뛰어나지만 스스로 독특한 체험을 하지는 못한다. 아무리 뛰어난 AI라도 AI의 영원한 업적을 기리고 찬양할 수는 없다.

노벨 경제학상 수상자 에드먼드 펠프스(Edmund Phelps) 교수는 자기표현(self-expression)으로서의 의사소통이 경제적 번영을 가능하게 한다고 본다. 오랜 인류의 역사에서 태어날 때 정해진 신분을 당연하게 여겼던 시절이 있었다. 현대 이전에는 자유인과 노예, 남성과 여성의 신분 차이를 운명처럼 받아들였다. 현대 사회에 와서 자아에 관한 의식이 분명히 형성되었고 자기표현으로서 '나'를 나타내기 시작했다.

대체로 1800년대부터 현대적 가치로서 경제적 자기표현이 구체적으로 이루어졌다. 주어진 운명을 극복하려는 도전적 추구는 영원한 삶의 흔적을 남기려는 소원에서 출발한다. 자신에게 주어진 신분을 운명으로 받아들이고 체념하면 연약한 생활로서 절망하게 된다. 한편 자신에게 주어진 현실을 고려하지 않고 무한한 가능성만 추구하면 도전적 생활로서 절망하게 된다.

'나'를 귀하게 여기면 '너'를 귀하게 여기며 의사소통하고 영향을 주고받는다. 자아는 삶에 깃든 불안과 함께 고결한 성품으로 형성된다. 자아를 형성하고자 했던 키에르케고어는 번영하는 삶은 피하고 싶은 불안과 함께하면서 가능하다고 보았다. 자아가 깊이 형성될수록 타인과 의사소통이 깊어진다. 그 어느 것과도 바꿀 수 없고 귀중한 자아의식은 번영하는 삶을 성취해 왔다.

현대 사회에서 역동적 개인(dynamic individual)은 경제적 번영을 성취했다. 번영하는 삶은 단지 풍부한 자원이 아니라 각 개인의 역동적 활동과 혁신을 통해 성취되었다. 펠프스는 경제적 번영에서 나아가 내면의 만족으로서 새로운 체험을 강조한다. 자신의 고유한 소명(召命)에서 성취감을 체험한다면 금전적 보상보다 더 깊은 '나'의 갈망이 있기 때문이다.

영원한 존재와 신앙으로 관계하는 자아는 번영하는 삶을 성취한다. 펠프스는 시장 경제를 지지하는 데서 나아가 키에르케고어가 추구한 새롭고 신비로운 차원에서 번영의 삶을 추구한다. 펠프스에게 개인적 역동성(individual dynamics)은 반복적 혁신(innovation)을 뜻한다. 개인의 창조적 자기 혁신은 주위 사람들에게 단순히 동화하며 살아가는 전통적 가치 체계를 넘어선다.

영원한 삶을 동경하는 나와 너는 신앙의 비약을 통해 실존적 불안을 극복한다. 실존적 불안은 위협적 느낌으로서 그 위험이 어디에서 오는지, 알 수 없다. 필연과 자유의 결합으로서 인간에게 불안은 자신의 자율적 노력만으로 극복할 수 없다. 우리는 삶에 깃들어 있는 실존적 불안을 오히려 적극적으로 받아들이며 번영한다. 영원을 사모하는 인간은 불안과 함께 미래를 준비하며 살아간다.

피하고 싶은 불안과 함께하며 개인의 가능성은 오히

려 현실이 되고 삶의 역사를 창조한다. 각 개인이 실존적 불안과 함께 자아를 표현하지 못하면 개인이나 국가는 쇠락할 수밖에 없다. 사회주의나 집단주의에서는 각 개인의 개성과 독창성이 존중되지 않으므로 사회 경제적으로 한계에 직면해 왔다. 중앙 집권 혹은 정부 주도의 경제 발전이 지속되면 일정한 수준 이상으로 발전하기 어렵다.

펠프스는 각 개인의 역동적 활동을 통해 경제적 번영에서 나아가 내면의 성취로서 '좋은 삶(the good life)'을 추구한다. 그의 일관된 주장에서 보듯이 각자 자신의 가능성을 현실화할 때 경제 발전에서 나아가 '좋은 삶'이 가능해진다. 각 개인의 실존적 성숙은 외형적 변화뿐만 아니라 AI 등 기술 혁신과 긴밀히 연관된다. 개인의 역동적 삶을 통한 경제 발전은 20세기 중반부터 더욱 가능해졌다.

각자 내면에서 시작하는 영혼의 활동은 오늘날 AI의 의사소통으로 표현된다. 펠프스의 주장대로 현대 사회의 경제적 번영은 자아의 형성과 표현을 통해 이루어졌다. 구체적 삶으로 표현되는 자아의 활동은 주위 사람들을 움직이는 리더십으로 나타난다. 실천을 통한 리더십은 논리적 주장보다 더 호소력을 발휘한다. 경제적 번영을 넘어 내면의 만족으로서 번영하는 삶은 AI와 리더십으로 확장되고 있다.

자아의 발달은 의사소통을 통해 고결한 성품을 형성하고 있다. 번영하는 삶은 삶의 불안과 함께 성취되기에 진리는 주체적이다. 각 개인은 누구와도 공유할 수 없는 자신만의 고유한 체험이 있다. 영원한 존재와 믿음으로 관계하는 독특한 체험은 문제의 해결보다 더 근원적이다. 우리가 새롭고 높은 차원을 체험하면 전에 크게 보였던 문제가 작아 보인다.

나와 너는 영원한 존재와 관계하면서 삶에 깃든 불안과 절망을 극복하며 경제적 번영을 성취한다. '한강의 기적'이라는 한국 경제는 과거에 주로 정부 주도형 발전으로 이루어졌다. 이제는 각 개인이 발전의 주인이라는 자각을 해야 번영하는 생활이 가능해진다. 나와 너의 혁신이 동반되면서 경제적 번영에서 나아가 내면의 성취감이 깊어지는 삶이 가능해진다.

펠프스는 자아의 형성을 통해 번영하는 생활을 추구한다. 그는 『다수의 번영(Mass Flourishing)』에서 경제적 번영에서 나아가 삶의 성취감을 강조한다. 그에게 현대적 자아의 특징은 독창적 개인(indigenous individual), 역동적 행위(dynamic action), 자기표현(self-expression)

이다. 나는 자아 형성의 체험을 통해 AI와 리더십의 관계를 밝히고 번영하는 삶을 성취하고자 한다.

앞으로 전개할 10장을 요약한다.

1장. '나'의 표현: 의사소통의 리더십

'나' 즉 자아의 형성은 번영하는 삶의 출발이다. 오늘날 자아의 발달은 AI와 리더십으로 확장되고 있다. 자아의 발달과 리더십은 긴밀히 연관된다. 자아는 감각적 향락의 추구, 윤리적 규범의 준수, 삶의 발자국을 남기려는 종교적 단계로 발달한다. 감각적 향락 추구와 윤리적 생활의 추구는 영원한 성취를 남기려는 소원을 통해 이루어진다.

2장. '나'의 형성과 실존적 불안

자아의 가능성은 불안을 통해 현실이 된다. 우리는 유한과 무한, 필연과 자유, 순간과 영원의 결합이다. 그러므로 가능성이 번영하는 삶이 되면서 불안이 찾아온다. 우리는 불안을 피하려고 하면서 또한 불안을 반기기도 한다. 삶에 깃든 불안을 믿음으로 극복하면서 번영하는 삶이 성취된다.

3장. 의사소통으로서 경제적 번영

자아의 표현은 고결한 성품과 경제적 번영으로 객관화된다. 대체로 1800년 이후로 자아가 구체적으로 형성되면서 개인의 재산권에 대한 의식이 확실해졌다. 개인과 사회는 자아의 형성과 표현을 통해 경제적 번영을 객관적으로 검증해 왔다. 개인의 자유를 강조하는 사회는 전체주의 사회보다 더 번영해 왔다.

4장. 시간과 공간의 한계를 극복하는 AI

문화의 시각에서 AI, GAI를 이해한다. 인간은 유한한 시간과 공간에서 살아가지만, 무한한 시공간을 추구해 왔다. 물리적 한계를 넘어서는 AI, GAI는 인간 지능을 넘어서 감정의 역할까지 추구하고 있다. 인간의 깊은 소원인 삶의 흔적을 AI, GAI를 통해 남기려고 한다. AI, GAI가 인간의 본성에 가까울 수는 있지만 같을 수는 없다.

5장. AI, 극단적 낙관

인간 지능을 넘어선 AI, GAI의 미래를 낙관적 입장에서 이해한다. 이런 입장은 인간을 지능(intelligence)으로 간주하며 감정의 영역도 해결하려고 한다. 인간을 원인과 결과 즉 인과율(因果律)의 물리적 과정(physical process)으로 이해한다. AI, GAI가 인간 지능을 넘어서더라도 영혼의 활동으로서 인간과 동일할 수는 없다.

6장. AI, 그 한계

사람은 본래부터 의사소통하려고 한다. AI는 인간의 지능보다 훨씬 뛰어나게 의사소통의 기능을 한다. 그러나 AI가 의사소통의 주체는 아니다. AI, GAI가 윤리적 정보를 놀랍게 제공할 수 있지만 윤리적 판단의 주체일 수는 없다. 인간은 영원한 존재와 관계하며 자기다운 체험을 하지만 인간과 AI의 관계는 상대적이다.

7장. 자기중심적 AI 윤리와 극복

인간이 AI를 자기애(narcissism)나 자기도취로써 사용할 때의 문제를 다룬다. 이런 자기중심적 사용은 편리함 속에서 문화를 쇠락시킨다. 인간이 자신의 깊은 본성인 영원한 삶을 잊고 단지 자기 자신과 도전적으로 관계하면 자기도취가 나타난다. 이런 자기도취는 AI를 절대적으로 신뢰하는 풍조를 만들 수 있다.

8장. 윤리적 '나'의 확장으로서 AI

AI를 인간 본성의 윤리적 시각에서 고찰한다. AI는 단지 기능이나 편리함의 수단이 아니라 윤리적 성품의 확장이어야 한다. 이런 시각에서 기능이 정교해지는 미래에도 AI는 타당성을 갖게 된다. 인간 존엄과 윤리의 표현으로서 AI는 기술이나 지능에서 나아가 의사소통과 리더십의 표현과 확장이 된다.

9장. 삶의 성취와 리더십

자아의 가능성이 단지 생각이 아니라 실제 현실이 될 때 리더십은 호소력과 영향력을 갖는다. 자아의 가능성은 윤리적 생활과 경제적 번영을 통해 객관적으로 증명된다. 펠프스 교수는 유럽과 미국을 예로 자아의 표현과 경제적 번영의 깊은 상관관계를 밝혔다. 이 업적은 노벨 경제학상 수상의 근거이기도 하다.

10장. 실존적 절망과 번영하는 삶

번영하는 삶을 추구하지만 왜 번영하지 못할까? 영혼의 활동으로서 자아가 반복하여 형성되면 우리의 삶은 번영한다. 주어진 신분을 극복한 자아의 표현은 경제적 번영을 가져왔다. 역동적 개인은 혁신적 도전과 모험을 반복했다. 도전적 혁신과 모험은 AI를 만들었고 주위 사람들에게 영향력을 미치는 리더십이 된다.

참고문헌

표재명(2012). 『사랑과 영혼의 철학자 키에르케고어를 만나다』. 치우.

황종환(2021). 인공지능시대에 도덕적 수월의 리더십. ≪윤리연구≫, 135호. 한국윤리학회.

Phelps, E.(2013). *Mass flourishing*, Princeton University Press.

Storsletten, V. & Jakobson, O.(2015). Development of leadership in the perspective of Kierkegaard's philosophy, *Journal of Business Ethics*, 128.

01
‘나’의 표현: 의사소통의 리더십

‘나’ 즉 자아가 형성되어야 삶이 만족스러워진다. 자아의 형성은 감각적 향락, 윤리적 책임, 종교적 체험으로 깊어진다. 우리 마음에는 삶의 흔적을 남기려는 깊은 소원이 있다. 자아의 발달이 깊어지면서 사회적 영향력을 미치는 리더십을 발휘한다. 단지 말이 아니라 고결한 성품과 경제적 번영을 통해 효과적 의사소통이 이루어진다.

AI와 1인 창업?

'나'의 형성과 표현

자신을 귀하게 여기는 사람은 타인을 존중한다. 의사소통의 리더십은 우선 자기 자신을 귀하게 받아들이며 출발한다. 나와 너의 자존감은 타인과의 관계 이전에 자기 자신에게 정직해지며 형성된다. 자기 자신에 대한 자존감이 부족하면 공연한 허세를 부리고 타인을 무시하게 된다. 소위 갑질을 하는 까닭은 자기 내면이 공허해 실상은 자기 자신을 무시하기 때문이다.

타인과 세상을 우습게 여기는 까닭은 자아가 충분히 형성되지 않았기 때문이다. 자아가 형성되지 않으면 사회적 책임 의식이 생기지 않으므로 주위 상황에 그저 적응하며 살아간다. 자아의식 자체가 집단주의나 타인을 의존하는 생활을 극복하면서 형성된 현대 사회의 성취다. 자아의 반복적 형성과 혁신은 당연히 전체주의 사회를 극복하며 번영의 삶을 이룩했다.

'나' 즉 자아는 어떻게 형성되는가? 나와 너는 먹고 마시고 즐기는 생활에서 출발한다. 키에르케고어의 『이것이냐 저것이냐 1』에서 중세 스페인의 전설적 인물인 돈 판(Don Juan)은 1003명의 여자와 관계를 맺었다고 한다. 우리의 삶이 육체적 향락만으로 만족할 수 있다면 돈 판은 가장 즐겁게 살고 간 사람이다. 감각적, 육체적 향락의 특징은 더 강한 자극과 쾌락을 찾는다는 것이다.

욕구와 쾌락의 끊임없는 충족은 현실 생활에서 불가능하다. 이런 향락 추구의 끝에는 허무와 권태가 찾아온다. 쾌락을 추구했으나 실제로는 허무와 권태가 찾아오는 아이러니(irony)한 결과다. 감각적 향락의 추구는 삶의 흔적을 남기려는 깊은 본성에 걸맞지 않으므로 자신을 우수(憂愁)에 빠뜨린다. 향락의 추구뿐만 아니라 실생활에 적용되지 않는 지식이나 정보의 습득도 결국 무료(無聊)한 생활이 된다.

감각적 향락의 끝에 찾아오는 허무와 권태는 인간의 본성을 생각하게 한다. 즉, 사람의 갈망은 육체적 쾌락이나 지식과 정보의 축적만으로는 충족될 수 없다는 뜻이다. 인간에게 영원을 사모하는 깊은 소원이 있다면 감각적 향락의 추구는 자신을 절망하게 한다. 의심은 생각의 과정에서 절망이지만 절망은 인간 존재에 대한 의심이다.

『이것이냐 저것이냐 2』에는 자기 분투의 노력으로 윤리적 생활을 하려는 윌리엄(William) 판사가 나온다. 윌리엄 판사는 보편적 규범으로서 윤리적 생활을 추구하지만 실제로는 그렇지 못한 자신을 발견한다. 그는 지극히 양심적 삶을 추구하지만 그렇지 못한 자신에 대해 스스로 웃을 수밖에 없다. 실제 생활에서 윤리적으로 살 수 없는 윌리엄의 현실적 한계가 그려진다.

지극히 양심적인 윌리엄 판사는 윤리적으로 완벽하게 살려고 했으나 실제로 그러지 못하는 자기 자신에게 절망한다. 윌리엄 판사는 아직 영원한 삶을 사모하는 마음으로서 인간 본성을 충분히 받아들이지 못한다. 키에르케고어의 『두려움과 떨림』에서 보듯이 윤리적 삶은 영원한 존재와 믿음의 관계에서 가능하다. 현실의 생활에서 선택은 영원한 존재와 상대적 대상들 사이의 결단을 뜻한다. 윤리적 단계에서 사회적 책임을 의식하지만 실제로 그렇게 살지 못하는 자신에게 실망한다. 자신의 힘만으로는 도달할 수 없는 목적을 추구하며 그 목적에 도달할 수 없으니, 자신에 대해 웃을 수밖에 없다. 그 누구도 보편적으로 요구하는 사회 규범을 완전히 준수하며 살아갈 수 없으니 절망하게 된다. 자신의 의지만으로 즉 자기 충족의(self-sufficient) 양심으로는 만족할 수 없다는 고백이다.

실제 생활에서 자기 의지적 노력의 한계를 경험하면 자신에 대해 스스로 웃을 수밖에 없다. 돈 판과 윌리엄 판사는 추구의 방향은 다르지만 자기의 가능성을 실제 현실로 만들어 보려는 시도와 그 한계를 보여 준다. 자아의 발달은 삶의 흔적을 남기며 영원한 삶에 대한 깊은 소원에서 이루어진다. 더 높고 귀한 생활을 추구하는 각 개인에게 자신만의 독특한 역할은 새로운 역사 창조를 가능하게 한다.

감각적 향락 추구는 결국 허무하고 공허한 생활을 좇게 한다. 윤리적 삶은 세상을 방관자가 아니라 자아의식을 지니며 책임 있는 시선으로 보게 한다. 이런 윤리적 생활은 감각적 향락에 따르는 불안과 절망을 극복하려고 한다. 그런데 윤리적 생활을 하려는 노력에서 자신의 실제 한계를 철저히 경험한다. 이런 한계를 경험하면서 윤리적 단계에서 종교적 단계로 나아가게 된다.

종교적 단계에서는 영혼의 활동으로서 '나'로 발전하여 자기 삶의 발자국을 남기려고 한다. 이 단계에서 나와 너는 서로를 공동의 생명체로 받아들이며 격려한다. 교육에서 가르치는 자의 최고의 목적은 배우는 자가 스스로 홀로 서는 생활이다. 영혼의 활동은 영원한 존재와 관계하려는 인간만의 독특한 소원이다. 키에르케고어에서 이런 소원은 영원한 삶에 대한 동경에서 나온다.

'나'의 발달과 리더십

자아의 표현으로서 고결한 성품은 사회적 지위보다 더 중요하다. 경영 윤리학자 비비 스토스레텐(Vivi Storsletten)은 삶을 만족시키는 자아의 발달을 사회적 지위보다 우선 받아들인다. 그는 리더십을 실존 사상가 키에르케고어의 자아의 발달에서 찾는다. 자기 자신을 이끌 수 있어야 타인에게 영향력을 발휘한다. 사람의 됨됨이는 교수, 목사, 의사, 판검사, 사장 등 사회적 지위보다 더 중요하다는 뜻이다.

서양에서 윤리적 생활은 고대에서 중세까지 자연을 따르는 행동을 의미했다. 근대 이후 그 영역이 인간 사회로 축소되었다. 오늘날 환경 문제에 직면하면서 인간과 자연의 바람직한 관계를 다시 생각하게 되었다. 인간 사회의 정의(正義)에서 나아가 자연과 바람직한 관계인 생태(生態)적 정의(ecological justice)에 눈뜨게 되었다. 인간뿐만 아니라 자연과 세상의 모든 것이 미묘하게 영향을 주고받는다는 새로운 자각이다.

자아의 형성이 깊어질수록 자기중심에서 나아가 세상을 보는 시야가 넓어지며 리더십을 발휘한다. 감각적, 윤리적. 종교적 생활은 엄밀히 분리되지 않고 실제 생활에서 함께 있다. 즉, 감각적 향락 추구의 생활에서도 영원을 사모하는 마음이 있고 영원을 사모하는 생활에서도 일시적 쾌락에 대한 미련이 있을 수 있다. 자아는 감각적 향락과 사회적 규범의 준수에서 나아가 자신만의 고유한 소명(召命)을 성취하고자 한다.

사람은 태어날 때부터 고통을 피하고 쾌락을 즐기고자 한다. 감각적 향락 추구의 리더십은 타인을 나의 유익을 위한 수단으로 간주한다. 이런 생활은 일시적 쾌락을 따라 지속성 없는 생활을 한다. 감각적 리더십은 잠시의 목적 달성은 이루지만 지속적 성장은 어렵다. 감각적 향락 추구의 끝에는 쾌락이 아니라 오히려 권태와 허무가 찾아온다.

감각적 향락 추구의 생활은 타인이나 다른 대상에서 만족을 추구하기에 의존적 욕구와 심리가 만들어진다. 의존적 성격은 현실적으로 그 목적을 충분히 달성할 수 없기에 분노가 내면에 쌓인다. 충분히 표현되지 못한 분노는 권태나 울분의 증상으로 나타난다. 이렇게 무료한 생활 분위기를 해소하려는 또 다른 향락 추구는 마음의 갈등을 오히려 더 악화한다.

감각적 향락 추구는 상호 의사소통하는 존엄한 인간관계를 실현하지 못한다. 이런 생활에서는 자신의 속마음을 서로 돌보는 깊은 인격적 관계가 형성되지 않는다. 세상을 단지 원인과 결과의 인과율로만 간주하며 일시적 매력에 얽매이며 살아간다. 삶의 만족을 외부에서만 찾으면 의식(con+sciousness), 즉 서로 알아 가는 관계가 형성되지 못한다.

향락 추구의 경제생활은 시장에서도 자기중심적 이익의 극대화만 따를 뿐이다. 이런 상황에서는 경제적 보상(incentive)이나 사회적 인정을 제공하는 권위주의적 지도력이 흔히 나타난다. 애덤 스미스(Adam Smith)에서 보듯이 경제적 이익의 추구는 타인에 대한 도덕적 공감이 함께해야 장기적으로 가능하다. 본성적으로 사회적 존재인 '나'의 이익 추구는 타인을 동료로 받아들일 때 오히려 가능하다.

감각적 향락의 생활은 보통 돈이나 권력의 추구가 살아가는 주된 동인(動因)이다. 진지한 자아의식이 형성되지 않았기에 구체적 생활에서 창조적 자발성을 찾기 어렵다. 감각적 향락 추구에서는 주어진 환경과 대상이 오히려 자신에게 영향을 미친다. 주위 환경을 의지하고 자아를 형성하지 못하면 자신에게 절망한다. 이런 절망을 정직하게 받아들이고 극복하면 '나' 즉 자아에 눈뜨는 계기가 될 수 있다.

윤리적 리더십은 신뢰를 형성하고 책임지는 공동체의 규범을 중요하게 받아들인다. 이런 지도력은 각자의 책임을 중요하게 받아들이는 생활을 추구한다. 윤리적 생활은 실제로 윤리적 책임을 수행하지 못하는 구체적 현실을 자각하게 한다. 윤리적 단계에서는 논리나 이론의 수준에서 나아가 새로운 역사와 문화를 실제로 창조하는 리더십을 찾는다.

이제 "나는 누구이며 어떻게 살까?"라고 물으며 자기 자신을 자각한다. 자기 자신에 대해 눈을 뜨면서 공허와 따분함을 극복하고자 하며 자신의 책임을 생각하게 된다. 사람이 지켜야 할 보편적 가치인 윤리적 책임을 받아들인다. 자신에게 고유한 자기만의 책임을 받아들이면서 타인과 비교를 차츰 극복하게 된다. 윤리적 리더십은 구체적 현실에서 성과를 내고자 분투한다.

윤리적 의무를 존중하는 리더십은 공동체가 지켜야 하는 행동의 책임을 강조한다. 양심의 도덕률과 하늘의 빛나는 별들은 이마누엘 칸트(Immanuel Kant)에게 숭경(崇敬)한 마음을 갖게 했다. 그런데 그는 사람이 지켜야 하는 보편적 윤리를 인간의 의지로써 해결하고자 했다. 그는 선(善)한 의지를 강조하면서 다른 사람에 대한 존경에서 도덕적 삶을 살고자 했다.

윤리적 리더십은 개인이 윤리적 이상을 실현하고자 하지만 실제로는 그렇지 못한 현실이 문제가 된다. 즉, 사람은 자신의 의지적 분투만으로는 윤리적으로 살 수 없는 자기 자신을 자각하게 된다. 자신의 의지와 결단만으로 삶의 문제를 해결하려는 노력은 인류의 어두운 역사를 통해 한계를 경험했다. 또한 감각적 향락이나 물질적 번영만으로 채워지지 않는 삶의 공허함도 깨닫게 되었다.

윤리적 리더십은 의지적으로 책임을 추구하더라도 실제 생활은 그렇지 못한 자신을 받아들일 수밖에 없다. 윤리적 분투에도 불구하고 실제 생활이 윤리적이지 못한 자신을 바라보면서 절망하며 웃게 된다. 우리는 감각적 향락 추구에서 쾌락이 허무로 끝나는 생활을 경험한다. 한편 윤리적 생활에서는 사회적 책임을 의지적으로 추구하지만 실제로는 그렇지 못한 자신을 자각하게 된다.

종교적 리더십에서는 자아를 충분히 형성하지 못하는 자기 분투의 윤리를 극복하고자 한다. 윤리적 생활의 현실적 한계를 영원한 존재와의 관계에서 추구한다. 이런 관계에서 번영하는 삶을 영원히 남기고자 한다. 번영하는 삶은 윤리적 성품과 경제적 번영으로 구체화한다. 리더십이 영원을 사모하는 마음으로 깊어질수록 타인을 자기만족 추구의 수단이 아니라 존엄한 인격으로 받아들인다.

종교적 단계에서는 영혼의 활동으로서 자신을 받아들

이는 리더십이 나타난다. 영원을 사모하는 자아는 영원한 존재와 관계하면서 자신과 우선 관계하고 타인과 관계한다. 이런 자아는 영원하고 자유로운 삶에 대한 원망(願望)과 무한한 가능성으로서 인간을 받아들인다. 리더십은 단지 말의 주장이 아니라 구체적으로 증명되는 번영하는 생활과 함께 영향력을 발휘한다.

영원한 삶의 발자국을 남기려는 소원은 영원한 존재와의 관계에서 이루어진다. 자아가 형성되지 않는 주요한 이유는 타인에 대한 두려움이다. 타인에 대한 두려움과 비교는 자기 자신을 찾지 못하는 비생산적 갈등을 빚는다. 자아가 사회적 관습이나 책임에만 얽매이면 영원한 삶에 대한 소원이 충족되지 않는다. 영원한 삶을 사모하는 인간 본성에 정직해지며 자신의 성취를 남기고 싶어진다.

자아의 표현으로서 번영하는 삶은 영원한 존재와 믿음의 관계에서 가능하다. 인간의 본성에 정직한 생활은 자아가 발달하면서 고결한 행동과 경제적 번영으로 표현된다. 번영하는 삶이 성취되면서 자기가 자신에게 매력적으로 되며 주위에 영향력을 드러낸다. 영원을 사모하는 생활은 자신의 활동을 단지 지식이나 정보의 수집이 아니라 구체적 실천에서 현실을 받아들인다.

참고문헌

황종환(2020), 『키에르케고어의 '나'를 찾는 도덕발달』, 글누리.

Kierkegaard, S. A.(1843). *Enten-Eller*. 임춘갑 옮김(2012), 『이것이냐 저것이냐 1, 2』. 치우.

02

'나'의 형성과 실존적 불안

자신의 가능성을 실제 현실로 만들면서 고결한 성품과 경제적 번영이 가능하다. 가능성이 현실이 될 때 우리는 불안해진다. 삶에는 유한과 무한, 순간과 영원, 필연과 자유가 함께 깃들어 있어 불안하다. 불안을 피하면 삶이 쇠락하고 받아들여 믿음으로 극복하면 번영한다. 삶에 깃든 불안을 반복하여 극복하면서 번영할 수 있다.

AI와 MBTI?

우리는 왜 불안한가?

우리는 단지 지식이나 정보가 아니라 실제로 번영하는 삶을 원한다. 에드먼드 펠프스(Edmund Phelps)에서 자아의 발달은 경제적 번영으로 나타난다. 그는 『다수의 번영』에서 자아의 형성과 경제적 번영 사이의 상관관계를 미국과 유럽 여러 나라를 예로 들면서 입증했다. 전체주의나 집단주의에서 각 개인의 독창성이 존중되지 않으므로 사회 경제적 발전에서 한계에 다다를 수밖에 없다.

자아의 발달은 삶에 깃든 불안과 함께 이루어지며 의사소통이 가능해진다. 크레스턴 노던토프트(Kresten Nordentoft)는 우리의 몸(body)과 정신(mind)이 하나인 상태에서 영원한 삶을 사모(思慕)하는 영혼의 활동이 있게 되자 불안이 나타난다고 한다. 그녀의 『키에르케고어의 심리학』에서 실존적 불안은 자아 형성의 정서적 잠재성(emotional potentiality)이다.

정서적 잠재성이 현실에서 제대로 표현되지 못하면 부정적 증상 즉 과민한 감수성과 분노 등이 몸과 정신을 통해 드러나게 된다. 주위 환경에서 분리되는 경험을 하는 자아는 영원한 삶을 사모하는 과정을 통해 자신을 찾아 간다. 키에르케고어는 영원한 존재를 믿으며 용서에 대한 확신을 체험했다. 그는 축복의 삶을 살게 하려는 거룩한 유혹자였다.

키에르케고어는 젊었을 때 우수(melancholy)로 힘들어했다. 그는 우수의 극복을 어려워하며 약혼의 잘못을 자각하고 파혼했다. 또한 잡지 발행인 골드슈미트(Goldschmidt)가 키에르케고어의 외모를 과장해서 풍자하며 사람들의 조롱거리가 되게 한 코르사르(Corsair) 사건에 휩싸였다. 키에르케고어는 '들의 백합과 공중의 새'를 바라보며 믿음으로 불안과 마음의 상처를 극복했다.

우리는 육체와 영혼이 종합되었기에 불안하다. 즉, 순간과 영원, 유한과 무한, 필연과 자유의 모순이 서로 관계하기에 불안하다. 삶에 깃든 불안은 영원한 존재와 믿음의 관계를 통해 극복된다. 이 불안을 극복하며 우리는 고결한 성품과 경제적 번영을 성취한다. 이렇게 나와 너는 믿음으로 불안을 극복하며 번영할 수 있다. 그러므로 삶에 깃들어 있는 불안이야말로 번영과 성취의 결정적 계기가 된다.

키에르케고어의 『불안의 개념』에서 몸의 욕망은 자신의 의식과 모순적으로 되면 불안해진다. 즉 불안은 보편적 욕망인 성(性)과 관련하여 설명된다. 그리스도 신앙에서는 영원한 축복을 위해 육욕(肉慾)적 향락을 포기한다면 감각적 향락이 있음을 오히려 분명히 한다. 지그문트 프로이트(Sigmund Freud)에서 리비도(libido)가 의식으로부터 억압되면 단지 소멸이 아니라 불안하게 된다. 즉, 억압된 성적 본능은 불안으로 나타난다.

심리적 불안은 감각적 향락 추구 혹은 자기 의지만 의존하는 윤리적 행위의 실망에서 온다. 고결한 성품의 함양을 위해 키에르케고어의 욕망, 숙고, 영혼을 프로이트의 본능(id), 자아(ego), 초자아(superego)와 비교할 수 있다. 프로이트는 초자아와 본능의 조화로 자아가 형성된다고 하나 키에르케고어는 영원한 존재와의 관계에서 자아를 형성하고자 한다.

고대 그리스 사상에서 육욕적인 것은 정신적인 것과 조화를 구하며 추구되었다. 육체적 욕망은 특정 개인이 아니라 인간 누구에게나 주어진 욕망의 원리다. 욕망을 일방적으로 추구하면 실존적 책임인 자아의 형성과 발달을 이루지 못하고 스스로 소멸한다. 자아의 활동 영역이 줄어들면 주어진 책임을 실행하지 못하고 갈등은 확장된다. 이렇게 되면 자아의 영향력으로서 리더십이 사회에서 발휘되지 못한다.

자아는 영원한 존재와의 관계에서 형성되며 다른 사

람과 AI 등을 통해 의사소통한다. 키에르케고어에서 보편적 윤리를 실제로 행할 수 있는 근거는 개인의 이익 추구가 아니라 신앙의 비약(leap of faith)이다. 그에게 각 개인은 사회적 신분 이전에 영원한 존재와 관계하며 홀로 선다. 영원한 삶을 소원하는 나와 너는 사회적 존재로서 이웃 사랑을 실천하게 된다.

가능성을 현실로 만드는 불안

'나'의 가능성이 어떻게 현실이 될 수 있을까? 아리스토텔레스는 역사적 자유를 통해 가능성을 실제 현실로 만들려고 했다. 그런데 그의 주장은 더 나은 삶에 대한 형식적 논리만 제시했다. 구체적 생활에서 가능성이 낯선 현실로 변하는 순간에 우리는 불안을 경험한다. 펠프스가 주장한 자아의 형성으로서 경제적 번영도 불안을 동반한다. 삶에 깃든 불안의 극복을 통해 체험되는 자아의 활동은 번영하는 삶의 원천이다.

『불안의 개념』은 자아의 발달과 성취를 가능하게 하는 실존적 불안을 밝힌다. 공포(fear)는 특정의 대상 때문에 생기지만 삶에 깃들어 있는 불안(anxiety)은 대상 여부와 관계없이 가능성이 실제 현실이 되면서 나타난다. 실존적 불안은 단순히 부정적 감정이 아니라 번영하는 삶에 동반된다. 그러므로 실존적 불안은 상담 심리학이나 정신 의학에서 특정의 문제 해결과 관련된 불안 심리와 다르다.

실존적 권위는 구체적 생활에서 불안과 함께 번영하는 삶으로 표현된다. 삶에 깃든 불안과 함께 자신에게 정직해지면서 뛰어난 삶이 된다. 우리는 불안 앞에서 창백하게 되기도 하고 불안과 함께 자유의 가능성으로 나아가기도 한다. 이렇게 불안은 양가적(兩價的, ambivalent)이기에 공감(共感)적 반감(反感)(sympathetic antipathy)이고 반감적 공감(antipathetic sympathy)이다.

영원한 삶은 영원과 시간의 결합이기에 각 개인이 과거와 현재에서 매 순간 미래로 나아가면서 번영의 생활이 성취된다. 플라톤의 상기(想起)에서 보듯이 고대 그리스 사람들의 시간은 과거에 맞추어져 있다. 그러므로 그리스 사상에서는 영원한 삶이 구체적이지 못하고 추상적이다. 키에르케고어는 상기(想起)가 아니라 미래를 향한 반복(反復)을 통해 영원한 삶을 추구한다.

자유의 가능성에 의해 선과 악의 구별이 이루어진다. 그리스도 신앙에서 아담(Adam)의 잘못된 자유는 피조물에 부정적 영향을 가져왔다. 원죄의 결과로 각 개인은 불안의 부정적 영향과 함께 살게 되었다. 각 개인은 영혼의 활동으로 살아간다는 점에서 아담이나 그 이후의 인류나 마찬가지다. 나와 너는 실존적 불안을 겪으면서도 영원한 삶을 표현하며 미래로 나아간다.

키에르케고어에게는 영원한 존재와 단절이 죄이며 죄의 극복은 믿음으로 가능하다. 그리스도 신앙에서 아담의 첫 범죄는 자신과 인류에게 질적 변화를 가져왔다. 인간의 자유에 의해 죄가 처음 이 세상에 왔다. 이성(理性)만으로 그리스도 신앙을 이해하려는 이들은 원죄를 단지 신화라고 한다. 이들은 원죄와 신앙의 질적 변화를 받아들이지 않고 단지 논리의 차원에 머물려고 한다.

그리스도 신앙에서 죄와 믿음은 사람에게 질적 변화이기에 논리만으로 충분히 설명되지 않는다. 그러므로 구체적 삶을 논리나 학문만으로 설명하려는 시도는 결국 공허하게 된다. 이런 학문적 시도는 정작 자기 자신을 잊으며 자신에게 정직하지 못하게 한다. 인간의 구체적 현실을 학문만으로 설명하려는 시도는 논리적 내재(內在)만 언급하면서 초월(超越)을 설명하지 못한다.

성경 창세기 22장에서 아브라함은 하느님에 대한 전폭적 신앙으로 살아간다. 아브라함은 모리아(Moriah)산에서 이삭을 희생하여 제물로 바치려고 했다. 아브라함에게 하느님의 명령은 '살인하지 말라'라는 보편적 규범보다 우선한다. 아브라함의 신앙은 얼마나 터무니없는 역설인가를 알려 준다. 즉 살인까지도 하느님이 기뻐하시는 거룩한 행위로 만들 수 있는 역설이다. 이 역설을 사고(思考)는 붙잡지 못한다.

인간으로서 자기다운 삶을 살지 못한다면 무슨 의미가 있겠는가? 키에르케고어에서 진리는 주체적이다(Truth is subjectivity). 즉, 자기 자신을 찾는 생활은 다른 사람들의 의견을 수동적으로 따르지 않고 자신만의 창조적 활동을 성취한다. 이런 생활은 자신만의 고유한 성취가 있으므로 신뢰를 얻는다. 예수는 "천하를 얻고도 자기 목숨을 잃는다면 무슨 유익이 있겠냐?"(마태복음 16장 26절)고 한다.

순간과 영원의 종합으로서 각 개인의 새로운 질적 비약은 삶에 깃든 불안과 함께 가능하다. 자신의 가능성을 실존적 불안과 함께 구체적 현실로 만들면 키에르케고어의 고결한 성품과 펠프스의 경제적 번영이 성취된다. 키에르케고어는 헤아릴 수 없는 하느님의 섭리를 믿으며 자신의 가능성을 현실화했다. 그의 삶은 영원한 신과 열정적 믿음의 관계에서 이루어졌다.

『불안의 개념』은 주관적 불안과 객관적 불안을 구분한다. 키에르케고어는 각 개인에게 미친 아담의 영향을 주관적 불안이라고 한다. 인류의 첫 타락은 질적 변화이기에 단지 심리학적으로 설명할 수 없다. 그리스도 신앙에서 아담의 범죄로 후대 사람들도 죄의 영향 아래 있게 되었다. 그리스도 신앙에서 속죄(贖罪)의 그리스도는 단지 한 개인이 아니라 그 영향력을 타인에게 미친다.

객관적 불안은 죄로 말미암아 피조물에 미친 영향이다. 죄가 세상에 들어옴으로써 피조물은 심각한 영향을 받게 되었다. 이를 성경은 "피조물이 하느님의 아들들이 나타나기를 간절히 동경한다"(로마서 8장 19절)고 표현한다. 즉, 자연의 회복을 바라는 피조물은 하느님의 자녀들이 나타나기를 간절히 고대한다. 피조물이 구속을 갈망하게 되었고, 이는 단지 심리학이 아니라 교의학(教義學, dogmatics)의 영역이다. 즉 논리나 학문만으로는 그리스도 신앙의 죄와 구속을 이해할 수 없다는 뜻이다.

'나' 즉 자아는 특정의 대상이나 사람에 대한 두려움이 아니라 본래 삶에 깃든 불안과 함께 형성된다. 이런 자아가 반복하여 발달하면 번영할 수밖에 없다. 즉, 진지하게 불안할 수 있을수록 더 위대해질 수밖에 없다. 그리스도 신앙에서 그리스도는 죽음을 스스로 받아들이면서도 불안해했다.

우리가 심연(深淵)을 바라볼 때처럼 불안으로 말미암

아 어지러워진다. 영혼의 활동이 순간과 영원을 종합할 때나 자유가 그 가능성을 표현할 때 불안하게 된다. 이때 학문적으로는 설명할 수 없는 비약이 이루어진다. 선이 자유와 구속의 열매라면 악은 선을 행하길 두려워한다. 믿음의 자유는 끊임없이 의사소통을 추구하지만, 불신앙은 자기를 표현하지 못하고 삶을 부정적으로 살아가게 한다.

끊임없이 알고 싶어 하는 나와 너는 실제 생활에서 불안과 함께 살아간다. 각자에게 고유한 믿음의 활동은 실존적 불안을 극복하며 번영을 성취한다. 실존적 불안을 극복하며 형성되는 자아는 내면의 확신과 함께 구체적 실천을 통해 표현된다. 각 개인은 자신이 느끼고 극복하는 실존적 불안의 깊이와 극복만큼 위대해진다. 삶에 깃든 불안과 함께 사는 법을 배우는 사람은 최고의 삶을 배우게 된다.

참고문헌

Kierkegaard, S. A.(1844). *Begrebet angest.* 임춘갑 옮김(2011). 『불안의 개념』. 치우.

Kierkegaard, S. A.(1983). *Fear and trembling.* H. Hong & E. Hong(Trans.). Princeton University Press.

03

의사소통으로서 경제적 번영

1800년대 이후 자아의식이 구체화되면서 자본주의와 경제 발전을 이룩했다. 현대 사회의 자기표현은 새로운 차원의 도전적 삶을 계속해 왔다. 역동적 개인은 전체주의를 극복하며 경제적 번영을 이루었다. 각자 자신의 고유한 영역을 개척하고 탁월한 업적을 남기면서 삶의 만족이 성취된다.

AI와 난임 극복?

현대적 자아의 역동성

나는 에드먼드 펠프스(Edmund Phelps)가 추구하는 번영하는 삶의 근거를 자아의 형성과 발달에서 찾는다. 그는 『다수의 번영』에서 자신이 키에르케고어에게 영향을 받았음을 언급한다. 그의 역동적 개인(dynamic Individual)은 경제적 번영에서 나아가 삶 전체의 번영을 성취한다. 역동적 자아의 반복적 혁신(innovation)은 금전적 보상뿐만 아니라 인간 내면의 성취감을 체험하게 한다.

우리는 자아의 형성에 걸맞게 행동한다. 고대로부터 영혼의 활동으로서 자아는 고결한 성품을 성취했다. 고결한 성품은 주위에 인간적 매력을 드러낸다. 현대 사회에서 독창적 자아는 번영하는 삶을 성취했다. 번영하는 생활은 자기중심의 생각에서 나아가 베풂(benevolence)의 행동으로 표현된다. 인간의 깊은 본성을 따르는 베풂의 생활은 내면의 만족을 얻게 한다.

자아의 발달과 활동은 타인에게 사회적 영향력으로서 리더십이 된다. 자아가 발달하면서 타인과 조직을 대하는 시야가 넓어진다. 자아의 발달이 깊어질수록 지도력에 반영되어 경제적 번영을 성취한다. 자아가 사회를 살아 있는 생명체로 받아들이면 번영하는 삶으로서 성취감을 체험한다. 이렇게 자아의 발달이 깊어지면서 자신뿐만 아니라 공동체에 선을 증진하게 된다.

번영하는 삶으로 검증되는 자아의 발달은 인간의 존엄에서 출발한다. 존엄한 자아가 반복적으로 형성되면서 미신, 편견, 타인과 결합 등 전(前)근대적 의식을 극복할 수 있게 되었다. 펠프스에서 '좋은 삶'은 단지 경제적 풍요뿐만 아니라 각자 성취감을 얻어 삶이 전체적으로 번영하는 생활이다. 이렇게 번영하는 삶은 각자 자신의 가능성을 구체적 현실로 만들면서 가능하다.

경제 발전의 원천인 인적 자본(human capital)으로서 '나'의 가능성은 실존적 불안을 극복해 가며 실현된다. 펠프스에게 현대적 가치는 역동적 자아의 표현으로서 경제적 번영이다. 그에게 자아의 형성과 경제적 번영은 긴밀히 연관된다. 각 개인의 소명에 대한 자각은 자기 일에 대한 성취감의 출발이다. 자신의 개성과 독창성에 대한 자각은 역동적 행동으로 표현되며 타인과 선의의 경쟁을 받아들이게 한다.

소크라테스에게 '너 자신을 알라' 즉 자아의 인식(self-knowledge)은 각자에게 주어진 책임이며 사회적 관습보다 우선한다. 그는 사회적 규범에 단순히 동화되지 않고 자기 자신을 찾고자 했다. 그는 자신의 구체적 생활을 통해 자신을 검증했던 주체적 사상가다. 자아의 표현(self-expression)은 경제적 번영의 출발임을 펠프스는 『다수의 번영』에서 증명한다.

역동적 자아와 경제적 번영

역동적 활동은 각 개인 즉 풀뿌리 시민들의 자발적 혁신에서 시작한다. 펠프스는 인간 본성에 대한 깊은 이해를 통해 번영하는 삶을 추구했다. 그는 19세기와 20세기를 통해 검증된 경제적 번영의 근거를 자아의 반복적 혁신을 통해 밝혔다. 그는 경제적 번영에서 나아가 역동적 혁신(dynamic innovation)을 찾는다. 단기간의 이익에서 나아가 삶을 전체적으로 받아들일 때 번영하는 삶이 창조된다.

정부 주도의 급속한 발전을 이룩한 한국 경제에서도 이제는 각 개인의 창조적 역동성이 요구된다. 자기 자신에 대한 새로운 자각으로서 자기 발견(self-discovery)은 자기표현으로 나타나며 현대 경제의 특징이 되었다. 자기 자신에 눈을 뜬 현대의 자아의식은 전근대적 권위주의적 문화를 극복하고 각 개인의 소유권을 인정하는 경제 활동을 활성화했다.

『다수의 번영』의 부제(副題)에서 보듯이 펠프스는 "어떻게 근본적 혁신이 일자리, 도전, 변화를 창조했는가?"라는 물음을 제기했다. 그는 경제 발전에서 각 개인의 역동성을 강조한다. 키에르케고어에서 역동성은 인간 본성에 걸맞은 활동 즉 영원한 존재와의 관계에서 시작한다. 그러므로 인간 본성에 걸맞은 역동적 자아의식은 단지 생각이나 주장이 아니라 번영하는 삶을 통해 타인에게 리더십을 발휘한다.

인간 본성에 걸맞은 번영하는 생활은 반복적 도전과 시련을 통해 성취되었다. 펠프스에게 자아의 역동적 혁신은 경제적 번영의 원천이다. 그에 의하면 1820~1870년대 자아의 혁신은 생산과 임금의 증가를 이루었다. 현대 사회의 특징으로서 역동성 개인은 자기 자신을 혁신하는 모험적 활동으로 번영의 삶을 반복하여 성취해 왔다.

펠프스는 현대 경제학자들이 놓친 시각 즉 "각 개인의 비전(vision)과 역동적 전진"을 주목하고 강조한다. 펠프스는 존 케인스(John Keynes)에서 투자자의 야성(野性)적 충동(animal spirits), 프랭크 나이트(Frank Knight)의 불확실성(uncertainty)에 대한 느낌, 프리드리히 하이에크(Friedrich Hayek)의 새로운 적응을 위한 혁신 기회 포착의 통찰을 인정한다. 그러나 펠프스는 이런 통찰이 개인의 비전과 역동성을 강조하지는 못했다고 주장한다. 그는 각 개인의 경제 활동에서 얻는 금전적 보상을 넘어서 역동적 생활의 성취감을 강조한다.

각 개인의 역동적 혁신은 생산, 소비, 재무 관리, 투자 등 다양한 영역에서 성취를 이룩해 왔다. 특정한 국가에서 나타나는 개인적 역동성은 다른 나라에 영향력을 미치게 된다. 펠프스의 시각에서 현대 사회의 경제적 특징은 혁신적 활동의 반복을 뜻한다. 이런 혁신은 단지 임금의 상승이나 근로 조건의 개선을 넘어 각자에게 고유한 소명과 인간 내면의 성취감 등 비물질적 영역에 눈을 뜨게 했다.

펠프스는 개인주의 문화가 팽배한 1960년대 미국, 캐나다, 영국, 노르웨이 경제가 사회주의적 요소가 상당한 독일, 프랑스, 이탈리아, 스페인 경제보다 우세했음을 지적한다. 그런데 펠프스는 1970년대 이후 2010년대까지 미국에서 창조적 혁신의 둔화에 따라 노동 생산성이 저하된 현상을 지적한다. 그는 미국의 경제 문화에서 소송(訴訟)의 일상화, 실제 능력보다는 사회적 지위를 중시하는 풍토 등으로 창조적 혁신의 둔화와 시장 경쟁력의 약화를 지적한다.

펠프스는 현대 경제에서 개인의 창조적 역동성의 새로운 회복을 처방한다. 정부가 경제 발전을 주도하는 경제에서 초기의 생산력과 발전이 지속될 수 없다. 각 개인의 창조적 혁신을 강조한 펠프스에게 중앙 집권적 사회주의 경제에 대한 비판은 당연하다. 개인의 창조적 역동성이 결핍된 마르크스주의 경제의 한계는 1980년대 말 확인되었다.

키에르케고어의 『사랑의 실천』에서 보듯이 타인과의 의사소통은 사랑으로 완성된다. 그런데 이런 사랑의 실천은 '나' 즉 내면의 자아가 우선 형성되어야 가능하다. 펠프스가 공헌한 경제적 성장과 성취감을 주는 번영의 삶은 개인의 역동성을 실현하며 성취된다. 계량적 경제 발전을 넘어 질적으로 고양된 '좋은 삶'은 인간 본성에 걸맞은 창조적 역동성과 함께한다.

인간 본성에 걸맞은 자기표현의 역동성은 앞으로도 호소력을 갖게 될 것이다. 키에르케고어는 '나'와 영원한 존재의 관계를 삶의 근본적 현실로 받아들인다. 영원한 존재와의 관계에서 삶의 흔적을 남기려는 사람의 본성은 시간과 공간의 한계를 극복해 왔다. 시간과 공간의 한계를 극복하려는 노력은 인간 문화를 형성했다. 물리적 한계를 극복하려는 AI는 오늘날 문화 형식의 최첨단 시도다.

참고문헌

Kierkegaard, S. A.(1844). *Begrebet angest.* 임춘갑 옮김(2011). 『불안의 개념』. 치우.

Nordentoft, K.(1978), *Kierkegaard's psychology.* B. Krimmse(Trans.). Wipf & Stock.

04
시간과 공간의 한계를 극복하는 AI

AI는 단지 기계적 작동이 아니라 인간 문화의 최첨단 표현이다. 인간을 탁월한 로봇으로 간주하며 인간 지능을 넘어서는 AI가 작동하고 있다. 사람의 의식을 인과율로 간주하며 개발된 AI는 여러 분야에서 이용되고 있다. AI에는 인간의 자기 이해가 드러나며 영원한 삶을 추구하는 인간을 AI가 대체할 수는 없다.

AI와 사주?

물리적 한계를 극복하는 AI

AI는 기계적 작동 이전에 인간 문화의 표현이다. 생존 즉 살아남으려는 노력은 모든 생물체의 환경에 대한 반응이다. 인간은 그저 살려고 하지 않고 영혼의 활동으로 현실을 새롭게 해석한다. 즉, 우리는 삶의 의미를 찾으며 더 나은 자신과 사회를 창조하고자 한다. 문화 철학자 에른스트 카시러(Ernst Cassirer) 당시에는 물론 AI가 없었으나 오늘날 AI는 인간 문화의 과학적 형식의 최첨단 기능이다.

카시러는 진리를 찾는 행위도 인간 문화의 형식으로 본다. 그에 의하면 인간의 자기 이해는 소크라테스부터 시작했다. 소크라테스는 타인에게 의존하지 않고 자신만으로 만족할 수 있는 용기를 찾았다. 이런 용기는 다른 사람과의 관계에서 단지 하나의 만남 이상이 되지 않으려는 고결한 마음이다. 이렇게 볼 때 다른 사람에게 의존하는 행복의 추구는 처음부터 불가능한 시도다. 자신을 귀하게 받아들이며 자신의 가능성을 찾아야 타인과 의사소통할 수 있다.

키에르케고어에게 자아는 사회적 관습보다 우선하는 영원한 존재와 절대적으로 관계한다. 이런 절대적 관계에서 단독자(the single individual)는 존엄한 존재가 된다. 『두려움과 떨림』에서 하느님의 명령에 순종하여 이삭을 바치려는 아브라함의 믿음은 '살인하지 말라'라는 도덕적 규범보다 우선한다. 즉, 영원한 하느님과 신앙으로 관계하는 단독자의 삶은 보편적 규범보다 우선한다는 뜻이다.

사람은 생물학적 생존을 넘어 영원한 삶을 추구한다. 즉, 우리의 마음은 자기 삶의 영원한 성취를 남기고 싶어 한다. 실제 현실의 적극적 변화는 자아의 깊은 본성인 영원한 존재와의 관계에서 이루어진다. 키에르케고어에게 그리스도는 세상에 온 영원한 존재다. 그는 영원한 존재와 믿음의 관계를 강화(講話, discourse)로 고백했다. 그에게 강화의 목적은 건덕(建德, edifying), 즉 고결한 성품의 함양이다.

키에르케고어는 영원한 하느님과 새로운 체험을 문제의 해결보다는 더 중요하게 받아들인다. 영원한 존재와의 믿음과 관계에서 형성되는 자아는 고결한 성품으로 검증된다. 이런 성품의 완성인 이웃 사랑은 단지 말이 아니라 구체적 행동으로 표현된다. 이런 구체적 행동을 통한 의사소통이 간접 전달(indirect communication) 혹은 실존 전달(existence communication)이다. 그리스도 신앙에서 윤리적 행동은 그리스도를 믿음으로써 가능하다.

문화의 형식으로서 AI는 인간이 자신의 표현을 확장하는 방식이다. 문화적 활동으로서 AI의 기능은 AI를 생산하고 작동하는 사람의 성품을 드러낼 수밖에 없다. AI는 단지 그 기능만으로 이해될 수 없고 AI 생산자와 이용자의 됨됨이 즉 자기 이해의 표현이다.

영원한 존재와의 관계에서 '나'를 찾으려면 우선 나 자신과 관계해야 한다. '나'가 형성되면서 우선 나 자신과 의사소통한다. 자기 자신과의 의사소통은 타인과의 의사소통을 위한 출발이다. 영혼의 활동으로서 '나'는 단지 세계의 한 부분이 아니다. '나'는 생존과 본능의 차원을 넘어서 더 나은 사회를 위한 문화 활동을 한다. 나와 너에게 영혼의 활동이 없다면 단지 생존 자체가 목적이 될 뿐이다. 생존과 영혼의 활동은 서로 적대적이지 않고 상호 보완한다.

영혼의 활동이 깊어질수록 불안해지면서 독특한 '나' 자신을 찾게 된다. 실존적 불안은 영혼의 활동을 하는 인간에게만 가능한 독특한 현상이다. 동물은 특정의 대상을 두려워하더라도 실존적 불안은 없다. 왜냐하면 동물은 자기의 본능을 따르며 삶의 발자국을 남기려는 영혼의 활동을 하지 않기 때문이다. 그러므로 보편적 규범으로서 정신의 작용이 가능하지 않다. 또한 육체를 지니지 않은 천사에게도 실존적 불안이 없다.

영혼의 활동을 하는 인간은 삶에 깃든 불안에서 벗어날 수 없다. 실존적 불안은 필연적이며 동시에 가능성의 자유를 지닌 인간만의 독특한 현실이다. 불안을 피하고 싶어 하면서도 우리는 불안을 오히려 반기기도 한다. 우리는 불안과 함께 영원한 존재와 관계하며 자기 삶의 발자국을 남기고자 한다. 구체적 현실에서 삶은 계량적 시간의 연속이 아니라 매 순간 영원한 존재와 관계하며 번영하는 과정이다.

인간에게 독특한 영혼의 활동은 의식(consciousness) 즉 서로 알아가는 과정을 통해 구체화된다. 근대 르네상스와 계몽주의를 거쳐 현대 사회의 자아의식이 AI로 확장되었다. 자신의 가능성을 현실로 만드는 과정이 AI까지 확장되었다. AI를 통한 이런 과정에서 의사소통이 확장되었다. 우리는 주어진 물리적 시간과 공간을 넘어서서 AI를 통해 무한한 시공간으로 나아가려고 한다. 시간과 공간의 제한을 극복하려는 AI는 최첨단 문화 활동이다.

구체적 행동의 확대: AI와 GAI

각 개인은 자신이 만들어 내는 문화를 통해 의사소통한다. 문화를 통한 인간 이해에서 자아는 영혼의 활동이다. 인간이 자신을 표현하는 문화 형식에는 종교, 언어, 예술, 역사, 과학 등이 있다. 종교는 감정을 중요하게 받아들이며 승화(昇化)한다. 종교는 정서적 연대를 표현하는 형식으로서 신화의 단계를 거친다. 신화의 극단적 형식은 비현실적 자기 모습을 갖게 한다.

문화 형식으로서 AI는 주관적 감정을 배제하고 현실을 객관적으로 이해하려고 한다. AI는 시공간과 물리적 한계를 극복하며 인간 지능을 넘어서 작동하고 있다. AI는 인간의 의식을 원인과 결과 즉 인과율의 물리적 과정(physical process)으로 본다. 자아의 활동으로서 AI는 활동 영역을 이미 확장하고 있다. AI는 가상(假想) 전쟁 시뮬레이션을 통한 국가 안전, 치료 범위의 확정 등 건강 관리에도 적용된다.

AI는 범죄자의 범죄에 영향을 미치는 마약 등 환경 요소와 범죄의 관계 수사에 응용된다. AI는 자율 주행과 드론 배달 등 교통과 도시 계획 분야에서 적용되고 있다. 또한 대출 등 금융에서 인간의 지능을 넘어서는 기능으로 AI는 유익하게 작용하고 있다. 이런 긍정적 기대와 함께 AI의 부정적 기능도 고려된다. 즉, 수집된 자료의 활용 주체와 범위 등 AI 발전에 따른 윤리적 문제가 제기된다.

인간은 본성적으로 영원한 삶을 추구하며 자기 삶의 흔적을 남기려고 한다. 그러므로 미래를 깊이 준비하는 생활은 당연하다. AI는 일반적이고 객관적 문제의 해결에서 인간의 지능을 넘어서고 있다. 그렇지만 영원을 사모하는 인간의 실존적 절망이나 불안을 AI, GAI에게 맡길 수는 없다. 삶에 깃든 불안과 함께 '나'를 찾지 않으면 각자에게 주어진 책임을 잊고 삶 자체를 AI, GAI에게 의존하게 된다.

자아의 표현으로서 AI는 더욱 정교한 의사소통의 방식으로서 발전하고 있다. AI를 포함하여 문화를 상징의 형식으로 표현하는 생활은 본능의 승화를 통하여 가능하다. 프로이트(Freud)는 본능의 승화를 인간의 자율적 능력 안에서 찾지만 키에르케고어에서는 영원한 존재와의 관계에서 현실적으로 가능하다. 인간은 자신에게 주어진 본능을 승화하여 제2의 천성으로서 자아를 끊임없이 형성할 수 있다.

영원한 삶을 추구하는 인간의 문화는 실제 현실과 가상 세계를 함께 받아들인다. 삶의 자신감이 형성되어야 타자를 받아들이고 의사소통할 수 있다. 자신감은 삶에 깃든 불안을 극복하며 나은 현실을 만든다. 학문 활동도 실제 생활의 바람직한 변화를 불러와야 의미가 있다. 간접적 의사소통의 방법으로서 AI가 인간 감정의 활동도 대신하려고 한다.

AI가 인지 능력, 상식 문제 해결 능력 등에서 인간의 지능을 넘어서고 있다. 그러나 AI는 영원을 사모하는 인간 본성을 가질 수는 없다. 즉, 아무리 정교한 AI, GAI라도 인간의 본성과 같을 수는 없다. 인간은 영원을 사모하는 본성이 있기에 영원한 존재와의 관계에서 '나'로서 의식을 갖는다. 즉, 인간의 의식을 단지 물질적 현상만으로 환원할 수 없다.

참고문헌

백승민(2024). 생성형 인공지능의 도덕적 추론 가능성에 대한 윤리적 고찰. 『윤리연구』 145호, 한국윤리학회.

Cassirer, E.(1972). *An essay on man.* Yale University Press.

05
AI, 극단적 낙관

삶은 문제의 해결 이전에 새로운 체험이다. AI에 대한 극단적 낙관은 인간의 자기 이해의 반영이다. 끝없는 가능성으로서 인간은 무한한 정보의 AI에 낙관적 작동을 기대한다. 이런 기대는 인간의 활동을 물리적 과정의 인과율로 간주한다. 또한 인간을 뇌의 활동을 중심으로 이해한다. 고도로 정밀한 로봇으로 받아들인다. 즉, 인간은 신경 회로의 상징적 결합이라고 주장한다.

AI와 아이돌?

인간: 물리적 과정

우리는 이미 인공지능 시대에 살고 있다. 인간은 자기 자신과 관계하는 방식으로 타인과 관계한다. AI는 인간이 자신 및 타자와 의사소통하는 정교한 수단이다. AI는 상상하기 어려운 수준의 정교한 기계적 작동일 뿐만 아니라 자기의식(意識)의 최첨단 표현이다. 삶의 어려운 현실에서 인간은 자신보다 지능이 앞서는 AI를 당연히 만들고 싶어진다.

"지식과 정보의 양이 많아지면 과연 우리의 삶이 더 번영하고 만족할까?"라는 물음이 제기된다. 사람의 생활을 단지 물리적 현상으로 받아들이면 정교한 AI가 인간의 기능을 대신할 수 있다. 더욱 정교해지는 AI의 미래에 대해 뛰어난 학자들 사이에서도 의견이 갈린다. 노엄 촘스키(Noam Chomsky), 제리 포도르(Jerry Fodor)는 AI의 미래에 대해 비판적이고 로저 섕크(Roger Schank), 테리 위노그래드(Terry Winograd)는 옹호한다.

오늘날 슈퍼컴퓨터의 속도는 1990년대와 비교할 수 없이 빨라졌다. 체스와 바둑, 서비스 로봇, 일기 예보, 교통 정보 등에서 인간 지능을 앞서는 놀라운 발전을 이루었다. 물론 이렇게 빨라진 컴퓨터에 대한 한계도 지적된다. 아무리 AI 기능이 발전했더라도 이미 입력한 지시에 따라 작동할 뿐이지 인간처럼 고유한 창조적 상상력을 기대할 수는 없다. 물론 이런 한계에 대한 도전도 이미 진행되고 있다.

나밋 아로라(Namit Arora) 등 AI의 적극적 낙관주의자들은 인간의 보편적 생각 즉 상식의 판단도 AI가 대신할 수 있다고 생각한다. 즉, 객관적으로 알려진 수많은 사실을 입력함으로써 상식 판단을 할 수 있다고 주장한다. 아로라는 복잡한 인간 의식과 비슷한 AI의 가능성을 받아들인다. 마빈 민스키(Marvin Minsky)도 수백만의 사실을 AI에 입력하면 인간과 같은 상식이나 양식(良識)의 기능이 가능하다고 본다. 물론 수천만 사실을 입력하더라도 자료와 그 자료를 판단하는 일은 다른 차원이다.

AI의 미래를 극단적으로 낙관하는 대니얼 데닛(Daniel Dennett) 등은 인간을 아예 하나의 로봇으로 이해한다. 그는 인간의 신경 회로(neural circuitry)를 상징의 규칙, 연합의 원리로 설명한다. 즉, 복잡한 뇌의 법칙을 입력하면(programming) 이론상 인간의 뇌와 같은 AI를 만들 수 있다고 생각한다. 슈퍼컴퓨터를 인간의 신경회로에 걸맞게 만들려고 한다. 인간의 뇌를 인과론의 법칙으로 설명할 수 있다고 생각한다. 즉, 사람의 뇌가 아무리 복잡하더라도 일정한 법칙이 있다고 보면서 그에

상응하는 로봇을 만들려고 한다.

세실리아 슐츠(Cecillia Schultz)도 인간의 의식과 주위 환경을 단지 복잡한 물리적 과정으로 이해하며 미래의 AI를 받아들인다. 그는 이런 가정(假定)에 걸맞게 물리적 과정의 정보를 AI에 입력하면 인간의 뇌와 유사하거나 그 이상의 AI를 만들 수 있다고 생각한다. 이미 인간 지능을 넘어서고 더 정교한 AI를 만들기 위해 분투하고 있다. 그러나 나는 AI가 아무리 뛰어나도 영혼의 활동으로서 깊은 생각은 할 수 없다고 본다.

극단적 낙관주의자들은 수많은 객관적 사실을 수집함으로써 사람의 의식 이상의 AI를 만들 수 있다고 주장한다. 물론 AI가 상상할 수 없을 정도로 정교해져서 인간보다 더 뛰어난 기능을 이미 발휘하고 있다. 그렇지만 영원한 존재와의 관계를 체험하는 인격체로서 AI를 상상할 수는 없다. 이해와 체험이 깊어질수록 의문이 풀리는 동시에 우리는 더 큰 의문과 신비에 직면하게 된다.

AI는 최첨단 과학의 문화 형식이기에 인간 자신과 AI의 관계는 긴밀히 연관된다. AI를 "그 자체로 보느냐? 혹은 인간과의 관계에서 보느냐?"가 핵심이다. 삶에 깃들어 있는 미래의 불안을 해소하기 위해 AI에 전적으로 매달릴 수도 있다. 이미 자신의 삶을 AI에 의탁하면서 인간의 의존적 성격이 드러나고 있다. AI의 발전이 인간의 자아 형성을 역설적으로 가로막게 된다.

인간의 지능에 앞선 AI가 작동하는 현실에서 '인간이란 무엇인가?'라는 질문이 다시 제기된다. AI에는 인간의 본성(human nature)을 보는 시각이 반영된다. 객관적 문제의 해결에서 AI는 인간의 지능을 이미 훨씬 앞지르고 있다. 극단적 AI 주창자들은 인간의 활동도 결국 원인과 결과를 따른다고 간주한다. 인간의 지능을 넘어서고 마침내 감정도 표현하는 AI를 만들기 위해 몰두하고 있다.

인간 뇌의 기능을 넘어서려는 AI 개발자들은 인간의 감정도 뇌의 작용으로 환원(還元, reduction)할 수 있다고 생각한다. 대표적 학자는 페트리시아 처치랜드(Patricia Churchland)다. 한편 막스 베닛(Max Bennet)은 철학적 고찰과 뇌를 연구하는 신경과학은 엄격히 분리되어야 한다고 주장한다. 그는 인간의 경험과 뇌의 활동을 동일시할 수 없다고 생각한다. 인간은 자신이 지닌 독특한 인식 방법에 따라서 대상을 알아 간다.

헤르만 폰 헬름홀츠(Hermann von Helmholtz)에 의하면 인간의 인식은 자신의 기존 인식 경험과 연관되어 있다. 그는 과거에 겪은 경험에 연관하여 새로운 이해를

한다는 소위 무의식적 추론(unconscious inference)을 주장한다. 이렇게 사람은 외부 사물이 주어진 대로가 아니라 사람에게 주어진 인식 방식을 따른다는 주장은 이마누엘 칸트(Immanuel Kant)의 영향이다. 칸트에게 인식은 인간에게 주어진 인식 범주에 의해 이루어진다.

신칸트학파 문화 철학자 에른스트 카시러(Ernst Cassirer)는 칸트가 제기한 인식을 문화에까지 확장했다. 칸트, 카시러, 헬름홀츠에 의하면 우리의 외부 대상이나 사물의 이해는 자신의 인식 구조에 의해 만들어진다. 물론 개, 고양이 등 동물은 그들 방식에 걸맞게 대상을 이해할 것이다. 키에르케고어를 따르면 우리는 영원한 존재와의 관계에 근거하여 자기 자신 및 타자와 의사소통한다.

AI의 판단이 서구 중심의 개인주의적 의사소통으로서 평등한 문화에서 구성(構成)된다는 주장도 가능하다. 이런 특징은 위계적 질서와 사회적 동화를 중시하는 문화와 갈등할 수 있다. AI의 미래를 극단적으로 낙관하고 인간의 생활을 AI에 의존하면 도전적 절망에 이르게 된다. 한편 AI의 개발 자체를 부정적으로만 받아들이면 자기 자신에 대해 연약한 절망에 빠진다.

윤리적 주체와 정보

자아의 형성과 나와 너의 의사소통은 분리될 수 없다. 우리의 시각이 깊어질수록 다른 사람과 주위 환경에 대한 이해도 더 깊어진다. 헤라클레이토스(Heraclitus, B.C. 540~B.C. 480)는 "사람이 꿈에서는 자기 자신만 생각하지만 깨어나면 다른 사람을 의식(意識)한다"고 했다. 그렇다면 깨어나서도 자기 자신만 생각하고 살아간다면 사실 아직도 잠을 자고 있다고 볼 수 있다.

휴버트 드레이퍼스(Hubert Dreyfus)는 지성(知性)적 행위의 가능성을 직관과 감정을 지닌 인간의 의사소통에서 찾는다. 그는 몸을 지닌 인간과 몸을 지니지 않고 작동하는 기계를 구분한다. 기계를 생산하고 사용하는 인간으로서 정체성(identity)을 드레이퍼스는 중요시한다. 즉, 주체적 존재로서 인간 존엄이 몸이 아닌 AI 등 현대 첨단의 기계에 의해 상실될 수 있다고 주장한다. 우리는 AI, GAI를 현실 문제 해결의 만능으로 볼 수는 없다.

GAI가 인간 감정과 정서를 대체한다고 하지만 이런 주장에서 감정이나 정서에 대한 이해가 명확하지 않다. 영원한 삶을 동경하는 인간의 마음을 아무리 정교해진 GAI라도 대신할 수 없다. 자율 주행차 탑승은 자율 주행차 자체를 신뢰하는 것이 아니라 자율 주행차를 개발한

연구자를 신뢰한다는 뜻이다. 마찬가지로 비행기 탑승도 비행기 자체의 신뢰가 아니다.

GAI 기능의 활성화를 보면서 윤리적 판단에서 지나치게 지식과 정보에 의존했음을 반성하게 된다. 윤리적 판단의 정보를 GAI에 습관적으로 의탁하면 각 개인의 윤리적 추론 능력은 자연스레 감소한다. 사람의 뇌가 지능의 역할을 하더라도 뇌가 몸 전체와 생명으로서 관계하지, 분리되어 있지 않다. GAI가 의사소통의 정교한 매체가 될 수 있으나 인간의 본성인 의사소통 자체를 대신할 수는 없다.

"진실하고 정직하라"라는 윤리적 가치 판단은 변할 수 없다. "어떻게 해야 진실하고 정직할 수 있나?"에 대해 인간의 정보보다 훨씬 뛰어난 윤리적 정보를 GAI에서 얻을 수는 있다. 그러므로 우리는 GAI를 대단히 유용한 기능으로서 받아들일 수 있다. GAI에서 윤리적 정보를 얻을 수 있으나 GAI가 인간의 윤리적 판단을 대신할 수는 없다. 사람의 본성에 걸맞은 윤리 판단은 인간의 책임이다.

윤리적 판단은 단순한 판단이 아니라 고결한 삶으로 향하는 깊은 체험이다. 각 개인이 자신의 감각적, 직접적 향락을 AI나 GAI를 이용하면서 충족하면 문제가 심각해진다. 감각적 향락 추구만으로는 영원한 삶을 추구하는 인간 본성에 걸맞지 않다. 이런 향락 추구는 인간의 깊은 본성에 맞지 않기에 권태와 허무를 경험한다. 조작이 쉬운 AI, GAI를 통한 욕구 충족은 삶의 무료를 더하는 악순환이 될 것이다.

영원한 존재와의 관계에서 자아가 형성되면서 타인에 대한 리더십 영역도 AI를 통해 표현되고 있다. 나와 너의 의사소통으로서 리더십은 상징적 기능인 AI를 통해 정교하게 확장되고 있다. AI는 인간의 지능과 기능을 최대로 활용하는 분야에서 우선 사용되고 있다. 각 개인이 더 깊이 체험하는 자아의 활동은 경제적 영역뿐만 아니라 객관성의 추구로서 AI로 표현된다.

자아의 형성과 확장은 삶에 깃든 불안과 함께 이루어진다. 키에르케고어에 의하면 사람은 새로운 현실을 불안과 함께 만들어 간다. 그와 에드먼드 펠프스(Edmund Phelps)는 '나'는 불안과 함께하면서 번영하는 삶을 찾을 수 있다고 주장한다. 영원한 존재와의 관계를 AI를 수단으로 표현할 수 있지만 AI가 인격적으로 영원한 존재를 대신할 수는 없다. AI가 인간의 지능보다 훨씬 뛰어나더라도 불안과 함께 번영하는 인격체로 받아들일 수는 없다.

참고문헌

Arora, N.(2011). The minds of machines, *Philosophy Now*, Issue 87, London.

Churchland, P.(2020). *Conscience: The origins of moral intuition.* W. W. Norton & Company.

Dreyfus, H.(2001). *On the internet.* London: Routledge.

von Helmholtz, H.(1995). *Science and culture.* University of Chicago Press.

Minsky, M.(2007). *The emotion machine.* Simon & Schuster.

06
AI, 그 한계

AI의 미래와 한계는 인간과 AI의 관계에서 예측할 수 있다. 삶의 영원한 발자국을 남기고 싶은 마음은 의사소통의 방법을 AI로 확장한다. 영혼의 활동으로서 사람의 의식은 몸과 마음의 결합을 넘어선다. 삶의 절망, 불안, 분노를 겪는 인격체로서 인간과 AI가 같을 수는 없다. 영혼의 활동으로서 자아는 번영하는 삶으로 검증된다.

AI와 야구?

사람의 인격과 AI의 한계

인간은 본성적으로 즉 원래부터 존엄한 존재다. 인간의 존엄(human dignity)은 증명의 결과가 아니라 자발적 동의로 전제된다. 사람은 점차 나이가 들면서 사회화(socialization)되기 전에 본래부터 존엄한 사회적 존재다. 씨앗 속에 이미 들어 있는 가능성이 꽃피고 열매를 맺는다. AI는 인간 문화의 확장이기에 인간과 AI의 관계는 인간 존엄에서 이해된다.

삶의 흔적을 남기고 싶은 나와 너의 의사소통은 영원한 존재와의 관계에서 체험된다. 키에르케고어의 『두려움과 떨림』에서 말하는 영원한 삶은 영원한 존재와의 관계에서 가능하다. 키에르케고어는 자신의 생존(1813~1855) 동안 자연 과학의 객관적 사유가 인간의 영혼에까지 침투하는 심각한 문제를 이미 감지했다. 창조적이고 영원한 삶을 남기려는 실존적 결단을 뛰어난 지능을 지녔다고 AI에 의탁할 수 없다.

AI가 영원을 사모하는 인간 본성과 같아질 수 있을까? AI가 아무리 정교하게 되더라도 영원한 삶을 사모하는 마음을 가질 수는 없다. 영원한 존재와 관계하는 자아는 AI를 포함한 타자를 의사소통의 관계에서 받아들인다. 의사소통하는 자아는 사회적 영향력으로서 리더십을 발휘하게 된다. 인격적 주체는 영원한 삶의 흔적을 남기고 의사소통하는 수단으로 AI와 관계한다.

나와 너는 자기 이해에 걸맞게 행동한다. 우리는 생각에서 나아가 실제로 번영하는 현실을 원한다. AI의 기능에는 생산자나 이용자의 도덕적 성품이 드러난다. 사람을 몸과 심리의 결합으로만 보면 인간 의식을 단지 물리적 과정으로 받아들인다. 즉, 인간을 원인과 결과의 인과율로 이해하려고 한다. 이런 이해는 삶의 영원한 성취를 남기려는 인간 본성을 간과한다.

휴버트 드레이퍼스(Hubert Dreyfus)는 인간을 복잡한 법칙만으로는 이해할 수 없는 인격체로 받아들인다. "AI를 그 자체로 보느냐? 혹은 인간과 관련하여 볼 것이냐?"의 문제가 다시 제기된다. 인간이 단지 합리적(rational) 혹은 인지적(cognitive)으로만 살아간다면 AI의 뛰어난 기능을 더욱 개발하고 추구할 것이다. 그런데 사람은 단지 기능적 측면만 있지 않고 주체적 체험과 의사소통으로 살아간다.

드레이퍼스는 몸을 지닌 자아를 단지 지능만으로 설명할 수 없다고 보기에 당연히 윤리적 시각에서 AI를 고찰한다. 그는 지성적 행위의 가능성과 한계를 직관과 감정을 지닌 인간 자신에서 찾는다. 그는 AI를 생산하고 사용하는 인간에게 본래부터 주어진 정체성(identity)을 중요시한다. 또한 그는 주체적 존재로서 인간다움이 AI 등 현대 첨단의 기계적 작동으로 말미암아 상실되는 현상을 우려한다.

AI는 인간 특유의 감정적 요동을 배제하고 세상에 객관적으로 대응한다. 물론 오늘날 인간의 감정까지 표현하는 기능의 AI가 시도되고 있다. AI를 사람이 만들었으나 오히려 AI의 뛰어난 기능에 의해 인간 자신의 혁신이 반복적으로 요구되고 있다. AI가 갈수록 정교해지더라도 인격체는 아니기에 윤리적 책임은 더욱 예민하게 인간 자신에게 물을 수밖에 없다.

버트 올리비어(Bert Olivier)도 인격체로서 인간을 고도로 정교한 기계적 작동과 구분한다. AI는 일반적이고 객관적 문제의 해결에서 인간의 지능을 이미 앞선다. 그렇지만 AI가 인간의 실존적 절망과 불안의 체험을 극복할 수는 없다. 인간이 영원을 사모하는 도덕적 존재로서 자신을 받아들이지 않으면 삶의 근원적 문제마저 AI에 맡기려고 할 것이다. 이미 이런 현상이 나타나고 있다.

새로운 체험과 의사소통으로서 AI

영혼의 활동으로서 인간의 의식은 지능을 넘어선다. AI

가 인간 지능을 넘어서더라도 영원한 삶을 사모하는 인격은 아니다. 우리가 마음 깊이 받아들인 진리는 실존적 결단을 동반하는 구체적 생활을 통해 표현된다. 인격적으로 판단하는 윤리적 성품의 인간과 물리적 과정으로서 AI가 같을 수는 없다. AI가 객관적 기능에서 인간보다 뛰어나더라도 영혼의 활동은 단지 객관적 기능만일 수는 없다.

나와 너는 지능의 작용보다 더 깊은 영혼의 활동을 한다. 영혼의 활동과 체험은 문제의 해결보다 더 근본적이다. 키에르케고어는 일상생활에서 제기되는 문제의 해결보다는 영원한 존재와 새로운 체험을 우선시한다. 그는 삶을 단지 문제의 해결로 여기지 않았고 영원한 존재와 새로운 체험으로 받아들인다(Life is not a problem to be solved, but a reality to be experienced).

인간은 자신의 체험을 AI를 통해 표현한다. 그러나 AI가 한 인격체로서 영원한 존재와 믿음의 체험을 주지는 못한다. 나와 너는 영원한 성취를 남기는 영혼의 활동을 한다. 우리는 세상의 한 부분에서 나아가 자신과 세상을 변화시키며 살아가고 있다. 인간은 주체와 대상에서 나아가 자기 삶의 성취를 다음 세대에게 남기려고 한다. '나'의 체험과 의사소통은 기계적 작동의 AI를 넘어선다.

키에르케고어는 영원한 존재와 새로운 체험에 근거하여 자기 자신 및 타인과 의사소통하기를 원했다. 영원한 존재와의 관계를 절대적으로 받아들인다면 다른 사람 혹은 AI와의 관계는 상대적일 수밖에 없다. 영원한 존재와 믿음의 체험을 통해 가능성이 현실이 된다. 사랑과 은혜의 체험은 베푸는 생활을 원한다. 의사소통을 가능하게 하는 고결한 성품은 영원한 존재와의 관계에 근거한다.

자신의 고유한 체험을 받아들여야 타인의 고유한 개성을 이해할 수 있다. 인간으로서 자기만의 독특한 체험의 삶을 살지 못한다면 무슨 의미가 있겠는가? 자아는 실존적 불안과 함께 번영하는 생활을 체험해 간다. 우리가 번영하는 삶을 체험하는 동안 불안도 함께 겪는다. 즉 자아의 깊은 형성은 현실 생활에서 번영하는 생활을 통해 증명된다. '나' 즉 자아는 삶에 깃들어 있는 불안을 극복하면서 자기 자신을 표현한다.

윤리적 주체로서 자아는 가장 근원적 존재와 관계하며 삶을 선택한다. 플라톤은 타자를 자기 이익의 대상으로 여기지 않았고 누구나 선을 실행하는 목적을 가졌다고 보았다. 플라톤은 다른 사람과 대화하고자 했으나 소피스트(Sophist)들은 자신들의 사(私)적 이익을 우선시했다. 자신의 이익만 극대화하면 상호 간 의사소통을 체험하지 못하게 된다.

자아의 발달은 고결한 성품과 경제적 번영을 성취한다. 에드먼드 펠프스(Edmund Phelps)의 지적대로 개인의 능력보다 사회적 지위를 우선시하면 경제적 발전은 지체된다. 진정한 선진국은 경제적 발전뿐만 아니라 서로 신뢰할 수 있는 사회가 되면서 이루어진다. 우리는 과학적 기술의 발전만으로 해결할 수 없는 도덕성이 상실된 금융, 기본적 인권의 무관심, 환경 위기 등을 겪고 있다. 이런 위기는 각자 자신을 받아들이는 태도의 반영이다.

자기표현(self-expression)의 생활은 자신만의 고유한 창조적 생활을 수행한다. 창조적 활동의 체험이 없으면 자신만의 고유한 삶이 없기에 타인의 신뢰를 받지 못한다. 자기를 찾지 않는 생활은 다른 사람들의 의견을 수동적으로 따르게 된다. '나'를 잃으면 AI의 편리함이 무슨 의미가 있겠는가?

영원을 사모하는 마음은 사회적 규범보다 자신과 영원한 존재와의 관계를 우선하기에 번영하는 생활을 성취할 수 있다. 『두려움과 떨림』은 자발적 의지의 분투에도 불가능했던 번영의 삶이 영원한 존재와의 관계에서 가능한 믿음을 보여 준다. 아브라함은 세상의 보편적 규범을 어기더라도 영원한 하느님을 전적으로 믿는다. 즉, 그는 윤리적 규범보다 하느님과의 관계를 최고의 목적으로 받아들인다. 이렇게 영원한 존재와의 믿음의 관계는 보편적 규범을 역설적으로 실천할 수 있게 한다.

영원을 사모하는 사람은 유한한 생활이지만 자기 삶의 영원한 업적을 남기고자 한다. 존 로스포크(John Rothfork)는 인격체로서 인간과 고도로 정교한 기계적 작동을 구분한다. AI의 기능에 대하여 윤리적 책임을 논하고 있지만 더 근본적으로 인간의 본성에서 해석되어야 한다. 영혼의 활동으로서 사람의 의식(意識)은 몸과 마음의 결합을 넘어선다. 영혼의 활동은 실존적 절망, 불안, 분노를 경험하면서 번영하는 삶을 성취한다.

참고문헌

황종환(2020). 인공지능 시대에서 키에르케고어의 윤리적 책임. ≪인공지능인문학연구≫, 5, 95-117쪽. 중앙대학교 인문콘텐츠연구소.

Dreyfus, H.(1992). *What computers still can't do: A critique of artificial reason*. The MIT Press.

Olivier, B.(2017). Artificial intelligence (AI) and being human: What is the difference?. *Acta Academica, 49*(1).

Rothfork, J.(2003). Review on the Internet by H. Dreyfus.

Workplace: A Journal for Academic Labor, 10, pp.203–207.
Spaemann, R.(1993). *Glück und Wohlwollen*, Kletta-Cotta.

07
자기중심적 AI 윤리와 극복

현대 사회의 지나친 개인주의가 AI 이용에서도 나타난다. 타인과 의사소통하기보다는 자기 이익만 생각하는 자기애가 AI 작동을 통해 나타난다. 이런 자기도취의 생활은 건강한 자아와 경제적 번영을 성취하지 못하게 한다. 자아의식의 형성은 의사소통하며 번영하는 삶의 만족을 성취하게 한다.

AI와 윤동주?

자기중심적 AI의 극복

인간 본성에 걸맞은 문화 활동에서 자아는 AI로 확장되었다. 그러므로 AI에는 인간 자신의 윤리적 성품이 드러날 수밖에 없다. 즉, AI는 그 생산자와 이용자의 자아의 발달을 반영한다. 오늘날 삶의 문제를 AI 등 기계적 수단을 통해 자기중심적으로 해결하려는 시도가 이미 널리 퍼지고 있다. 즉, AI를 통한 자기애(narcissism) 혹은 자기도취의 풍조다.

자아는 자신의 가능성을 구체적 현실을 통해 성취한다. 가능성이 현실이 되면서 번영하는 삶을 성취한다. 사람의 본성인 영원한 삶을 찾으면서 자아의 형성과 사회적 책임을 수행한다. 영원한 존재와 의지적으로 관계할수록 더욱 자아를 형성하게 된다. 그러므로 의지가 없으면 자아도 없게 되고 의지를 발휘할수록 더욱 건강한 자아의식을 갖게 된다.

육체와 마음 혹은 심리의 결합이 일반적 건강을 의미한다면 영혼의 활동은 실존적 건강을 뜻한다. 그러므로 영혼의 활동을 의식하지 못하면서 단지 주어진 조건만으로 살아간다면 실제 삶이 연약해진다. 번영하는 삶을 살지 않으려는 자기 고집이 영혼의 질병이다. 도덕 심리학자(moral psychologist)들에 의하면 인간 본성에 걸맞은 생활은 내면의 평안으로서 심리적 만족도 준다.

자기애의 성격은 비정상적 상상의 자아관으로 깊은 차원의 자아 형성을 가로막는다. 자기애의 생활은 끝까지 자신의 힘만으로 살아가려고 하며 타인의 번영하는 생활을 오히려 질투한다. 고결한 삶과 번영의 체험을 AI의 기계적 기능을 통해 얻어 보려는 진실하지 못한 시도다. 구체적 삶의 현실이 아니라 자기도취에 스스로 얽매여 살아가는 자기애는 자신에게 정직하지 못한 대응이다.

자기가 결국 자기하고만 관계하려는 자기애의 생활은 자신의 사회적 책임을 수행하지 못하게 된다. 자기의 책임을 다하지 못하니 타인과 갈등이 발생한다. 이런 생활은 구체적 의사 결정에서 타인의 의견을 수동적으로 따르기 때문에 창조적 활동이 어려워진다. 자신만의 고유한 성취가 없는 생활은 결국 타인의 신뢰를 받지 못하게 된다. 영원한 삶의 성취를 남기려는 자각이 발달하지 못했기 때문이다.

자기도취의 성격 장애(personality disorder)에서 나타나듯이 자기 자신에게 얽매여 살아가면 영원한 존재를 상대적으로 간주하며 질투한다. 그리스도 신앙은 그리스 철학과 달리 영원한 존재를 신뢰하지 않는 생활을 죄라고 한다. 마음이 협소하면 누구나 겪는 절망을 극복하는 신앙을 받아들이지 못한다. 자기도취에서 임의로 만든 자아는 현실과 동떨어진 과장된 환상일 뿐이기에 자신의 근거를 세우지 못한다.

영원한 존재와 관계없이 자신만의 분투적 노력만으로 살아가려고 할 때 비현실적 자아상을 갖게 된다. 영원한 존재와 관계없이 가정(假定)적 자아(hypothetical self) 즉 자기 마음대로 만든 자아로 살아간다. 이런 자아는 끊임없이 생각하고 정보를 축적하더라도 실제 생활에서 의사소통과 번영하는 삶을 체험하기 어렵다.

영원한 존재와의 관계는 윤리적 분투가 아니라 신앙으로 가능하다. 영원한 존재를 믿는 생활은 윤리적 행위를 현실적으로 가능하게 한다. 사람에게는 육체로서 몸과 보편적 타당성을 받아들이는 정신의 작용이 다가 아니다. 더 깊은 곳에 영원한 삶을 사모하는 영혼의 활동이 있다. 영원을 사모하는 자아는 단지 생각을 넘어서 구체적 행동을 통해 드러난다.

영원한 삶을 사모하는 '나'는 영원한 존재와 관계하며 살아간다. 자기 자신을 주체적으로 찾을 때 자아가 형성되고 번영하는 삶을 성취한다. 타인에게 직관적 매력을 드러내는 고결한 성품은 윤리적 추론과 의지적 분투를 넘어 영원한 존재와의 관계에서 이루어진다. 고결한 행동은 영원한 존재와 사랑의 관계에서 시작하는 이웃 사랑으로 완성된다.

영원한 삶의 성취를 남기려는 자아를 받아들이면 삶의 근원적 문제를 수동적으로 AI에 의탁하지 않는다. 비현실적 자아는 자신을 약화해 구체적 실천이 부족하게 된다. 인간은 몸을 지니면서 영원을 사모하는 인격체기에 지능의 작동을 넘어서 살아간다. 번영하는 생활에서 자아는 AI로 마침내 확장되었다. 그러나 영원한 존재와의 관계에서 체험되는 인격적 사랑의 실천까지 AI에게 기대할 수는 없다.

자기애의 확장으로서 AI

자아는 본성적으로 자기 자신이 되려는 자유를 추구한다. 자아가 되려는 자기의식의 생활은 자기만 할 수 있는 창조적 생활을 받아들인다. 창조적 생활은 타자와의 비교를 넘어선다. 우리는 자신의 고유한 역할을 받아들일 때 타자의 고유한 특징을 인정할 수 있게 된다. 자신의 이익만 극대화하는 생활은 자기다움을 찾지 못하게 된다.

정직한 자아를 형성하지 못하면 자기 마음대로 만든

자아로서 살아간다. 자아를 형성하지 못하니 고결한 성품과 경제적 번영을 이룩하지 못하고 스스로 절망한다. 이런 절망을 잠시 모면하기 위해 일시적 쾌락을 계속 찾으면 영원한 삶을 사모하는 인간 본성에 걸맞지 않은 악순환이 된다. 자의적이고 공허한 자아상으로 살아가는 삶은 마치 다스릴 땅이 없는 왕과 같다.

실제 현실에서 번영하는 생활로 검증되지 않는 자아는 실존적 절망을 겪는다. 자기도취는 과장된 '나'로 현실에 대응하는 방어 기제(defence mechanism)다. 이런 시도는 다른 사람뿐만 아니라 자신의 환경과 계속 갈등을 만들기 때문에 성공할 수 없다. 일시적 즐거움에 매달리며 사는 검증되지 않는 생활은 영원을 사모하는 인간 본성에 걸맞지 않다.

자기 마음대로 만든 과장된 자아상으로서 살아가는 생활은 개인의 환상일 뿐이기에 정당한 근거를 갖지 못한다. 자신의 공허하고 맹목적 세계를 구축하려는 자기애는 비정상적 상상의 자아를 만들며 살아간다. 결국 영원한 삶을 성취하려는 건강한 자아 형성을 가로막는다. 자아를 운명적으로 받아들이면 자기애(自己愛)가 되고, 도전적 시도만 하면 자기도취가 된다.

자기애의 확장으로서 AI는 이미 비윤리적이다. 자아

의 표현으로서 문화 활동이 아니라 가정적 자아를 AI에 투사하게 된다. 실제 현실에 정직하지 않으면 자기 마음대로 만든 자아로서 살아간다. 거짓된 자아는 과장된 환상일 뿐이기에 정직한 현실을 경험하지 못하게 한다. 인격적 관계를 통한 건강한 체험을 AI를 통해 대신하려는 잘못된 시도다.

자아는 실존적 불안과 함께하면서 더 깊은 자신이 되려는 자발적 노력을 반복한다. 자기애의 성격 장애는 자신의 연약한 모습을 숨기고 외부적으로는 과장된 자기 모습을 나타내려고 한다. 영원한 존재와 관계없는 자아는 실제 생활에서 윤리적 생활 혹은 경제적 번영으로 검증되지 않는다. 고결한 성품과 번영하는 생활은 다른 사람에게 영향력을 미친다.

자기 마음대로 상상하는 자아는 번영하는 삶으로 검증이 되지 않는다. 이런 자아는 삶에 대한 과도한 기대를 AI, GAI 등 기계적 작동을 통해 충족하려고 한다. 자신의 정직한 모습을 직면하여 표현하지 못하는 까닭은 관습이나 타인의 비판을 두려워하기 때문이다. 과장된 자기 모습을 나타내며 자신의 연약한 모습을 숨기려는 시도는 성격 장애를 일으킬 수 있다.

AI 생산자와 이용자의 윤리적 성품은 AI 작동에 반영

된다. 사람보다 뛰어난 기능을 보여 주는 계산, 체스, 바둑의 AI를 인격적 활동과 같게 볼 수는 없다. 우리의 관심은 AI의 기능뿐만 아니라 번영하는 삶을 가능하게 하는 의사소통이다. 영원한 존재와 관계하는 번영하는 삶의 체험을 AI에 전적으로 기대할 수 없다. 인간의 활동을 단지 물리적 과정으로 간주하면 AI의 작동에만 몰두하게 된다.

자아에 눈을 뜰 때 서로 의사소통하는 리더십이 가능해진다. 자아의 형성은 스스로 의식하지 못하더라도 영원한 존재와의 관계에 근거한다. 키에르케고어의 『두려움과 떨림』에서 보듯이 윤리적 생활은 종교적 신앙에 근거하여 현실적으로 가능하다. 그러므로 고결한 성품과 경제적 번영은 단지 욕망의 금제(禁制)가 아니라 영원한 존재와의 관계에서 얻은 축복된 생활의 표현이다.

참고문헌

김국현(2024). 생성 인공지능과 윤리교육. ≪윤리교육≫, 145호, 한국윤리학회.

Hay, S.(2017). Wrenching open the lock of self-love: Kierkegaard on narcissism. *Søren Kierkegaard Newsletter*, Nr. 67.

Kierkegaard, S.(1844). *Philosophiske smuler*. 표재명 옮김(2007), 『철학의 부스러기』. 프리칭아카데미.

08
윤리적 '나'의 확장으로서 AI

영원을 사모하는 사람의 본성은 윤리적 성품으로 자연스럽게 드러난다. 존엄한 자아는 1800년 이후 경제적 번영을 통해 검증되고 있다. 경제적 번영이 없는 고결한 성품은 공허하고 고결한 성품이 없는 경제적 번영은 맹목적이다. 번영하는 삶의 최첨단 표현이 AI, GAI를 통해 지평을 확장하고 있다.

AI와 한의학?

사람의 본성: 윤리적 생활

"우리는 왜, 반드시 정직하고 진실하게 살아야 할까?" 이런 극단적 질문은 질문 자체가 인간 본성에 걸맞지 않기에 비윤리적이다. 고대 자연 철학자 아낙시만드로스(Anaximandros)에서 사람은 자신이 행동한 대로 그 결과를 자연(nature)으로부터 거둔다고 했다. 여기서 자연은 산, 들, 강뿐만 아니라 사람의 본성(nature)을 뜻한다. 시간이 흐르며 각자 자신이 심은 대로 거두며 마음에서 평안 혹은 고통을 경험하게 된다.

윤리적으로 뛰어난 생활을 중요하게 생각한 그리스 철학에서 자신의 고결한 성품을 지키는 생활은 당연했다. 플라톤의 인간 본성에서 일생에 걸친 삶의 성취를 위해서 도덕적 수월(秀越, Kalon)은 기술적 재질(才質, Agathon)보다 더 중요하다. 도덕적으로 뛰어난 생활은 삶을 전체적으로 성취하는 행복을 가져온다. 그렇지만 기술적 재질은 특정한 부분에서 유익을 얻는다.

플라톤의 『작은 히피아스』에서 보듯이 고결한 성품은 개인적 유익을 가져오지 못하더라도 그 자체로 추구되었다. 즉, 윤리적 생활은 인생 전체의 성취를 가져오기에 잠시의 이익보다 더 좋은 것으로 받아들여졌다. 나와 너의 삶이 결국 성취되는 생활은 고결한 행위로 표현된다. 소크라테스는 소피스트(Sophist)를 비판하며 단지 말뿐이 아니라 진실하고 정직한 삶이 실제 생활에서 동반되기를 원했다.

아리스토텔레스와 토마스 아퀴나스(Thomas Aquinas)에서 고결한 마음은 인간 자신이 아니라 외부에서 오는 것이다. 이들에게 고결한 마음은 영원하고 신(神)적이기에 없어지지 않는 것으로 받아들여졌다. 오거스틴(St. Augustine)은 영원한 하느님 안에서 마음의 평안을 찾았고 이 땅에서 살아가면서 영원한 나라를 바라보았다. 그는 그리스도 신앙 안에서 죄로 오염된 세상의 변화를 믿고 이루고자 했다.

그리스도 신앙에서 인간은 허물을 지닌 비진리 즉 죄의 상태에 있게 되었다. 믿음은 어떠한 학문도 설명할 수 없는 죄를 극복할 수 있는 길이다. 키에르케고어의 『철학의 부스러기』에서 진리를 전달해 줄 수 있는 교사(教師)는 소크라테스적 산파(産婆)를 넘어서야 한다. 비진리인 개인에게 진리를 전수해 줄 수 있다면 이는 신(神) 자신에 의해서만 가능하다. 신 자신에 의해서 인간은 자신이 비진리에 있음을 알게 된다.

자신의 가능성은 영원한 존재와 믿음의 관계에서 현실이 될 수 있다. 키에르케고어에서 나와 너의 가능성은 그리스도와 관계에서 현실이 될 수 있다. 자아 형성의 가장 중요한 순간은 역사 안에 들어온 진리를 만날 때다. 이런 전제에서 교사의 책임은 배우는 자 혹은 인간관계를 맺는 자에게 자신에게 진리가 없음을 알게 하는 일이다. 자신에게 진리가 없음을 알면서 역설적으로 자기 자신을 찾게 된다.

로베르트 슈페만(Robert Spaemann)은 행복한 삶을 추구하기 위해서 고결한 성품을 자발적으로 동의했지, 논증하지 않았다. 그는 값을 매길 수 없는 존엄한 존재라는 전제에서 사람을 받아들이면서 삶의 성취를 추구한다. 존엄한 인간은 자기 이익의 극대화가 아니라 다른 사람과 자연에 대해 베풂(benevolence)을 통해 영혼의 기쁨을 성취한다. 베풂의 수단이 마침내 AI를 통해 확장되었다.

사상가들은 자아의 성취와 번영의 근거 즉 형이상학적 전제를 찾았다. 르네 데카르트(René Descartes)는 인간의 사유에서 찾았다. 카를 마르크스(Karl Marx)는 사람들 사이의 계급적 갈등의 원인을 경제적 관심(economic interest)이라고 한다. 지그문트 프로이트(Sigmund Freud)는 성적 본능(sexual instinct) 즉 초자아와 이드(Id)의 조화에서 바람직한 자아를 구했고 프리

드리히 니체(Friedrich Nietzsche)는 권력의지(will to power)를 주장했다.

인간 존엄을 키에르케고어는 영원을 사모하는 마음의 본성에서 받아들였다. 그는 영원한 존재와 교제하는 생활이 최고의 축복임을 확신했다. 그는 선한 행동의 근원도 영원을 사모하는 마음에서 찾았다. 그에게 자아는 고결한 생활로 표현되는 영혼의 활동이다. 영원을 사모하는 인간의 존엄은 잠시의 향락을 넘어 자신의 미래를 깊이 생각한다.

존 롤스(John Rawls)도 더 나은 사회를 만들기 위해 사람은 존엄하다는 전제에서 출발한다. 그에게 인간의 존엄은 공공의 유익이라는 공리적 명목으로도 침해될 수 없다. 그는 인간의 존엄을 중첩된 일치(overlapping consensus)를 통해 구체화한다. 즉, 다양한 종교와 신념을 가진 구성원이 쉽게 동의할 수 있는 공동의 기준을 공동체의 목표로 우선 정하고 점점 확장한다.

고결한 성품으로서 자아는 매력과 영향력으로서 리더십을 주위에 발휘하게 된다. 우리가 살아가며 부닥치는 문제는 변하더라도 고결한 성품을 추구하는 사람의 존엄한 본성은 언제나 같다. 더불어 살아가는 방법을 찾아가는 학문 활동도 역시 인간이 존엄하다는 전제에서 출발한다. 에드먼드 펠프스(Edmund Phelps)에 의하면 현대 사회에서 형성된 존엄한 자아는 1800년대 이후 자본주의 발전과 경제적 번영을 통해 검증되었다.

자아의 확장으로서 AI

AI는 자아를 표현하는 오늘의 문화 형식이다. AI는 영원한 존재와의 관계의 심화로서 '나'의 표현을 확장한다. 의사소통을 확장하는 AI, GAI는 실제 생활의 바람직한 변화를 불러오는 적극적 기능을 한다. 실존적 불안과 함께 형성되는 자아는 AI를 양면적으로 받아들인다. 즉, AI는 자아 형성의 지평을 확장하는 긍정적 측면과 가상적 현실에 대한 지나친 낙관주의를 함께 고려해야 한다.

자아의 발달이 깊어질수록 다른 사람과 의사소통의 리더십은 발휘된다. 자아의 표현과 의사소통으로서 AI는 갈수록 정교해지고 있다. 오늘날 사람들 사이의 상호관계는 AI를 통한 의사소통으로 이루어진다. AI, GAI를 통해 인간의 지능과 기능을 대체하려는 시도에서 인간의 깊은 소원을 이해할 수 있다. AI, GAI의 정교한 기능에서 영원한 삶을 소원하는 낙관적 기대도 이해할 수는 있다.

사람은 본래부터 누구와 의사소통하고 관계를 맺으며

살아간다. 사람에게는 몸과 보편적 타당성을 찾는 정신의 관계를 가능하게 하는 영혼의 활동이 있다. 영원한 존재를 믿는 영혼의 활동은 영원한 삶을 남기려고 한다. 이런 시각에서 영원한 존재와의 사귐과 자아의 형성은 분리될 수 없다. '나'는 영원한 존재와 관계하는 방식으로 나 자신과 타인 및 세상과 관계한다.

고결한 성품으로서 자아는 보편적 타당성을 추구하는 정신뿐만 아니라 영혼의 활동으로서 자신을 받아들인다. 쾌락주의나 신비주의에서는 자기 자신마저 없어지길 바라지만 우리에게 자기 자신까지 포기할 권리는 없다. 우리는 현실 생활에서 무료, 불안, 절망, 분노를 체험한다. 이런 실존적 체험은 자아를 찾고 성숙하는 과정에서 겪는 힘겨운 과정이다.

영혼의 활동으로서 자아는 외부의 영향력에서 독립하여 자신만의 고유한 책임을 의식한다. 인간은 논리의 한계를 넘어 자기 삶의 흔적을 남기고자 한다. 영원한 존재를 사모하는 자아는 미래를 준비하며 자신을 표현한다. 그러므로 자신의 미래를 깊이 생각하는 생활은 그 자체로 윤리적이다. 미래를 깊이 생각하는 미래 윤리학은 새로운 학문이 아니라 윤리의 본래 의미를 회복하고 있다.

윤리적 삶은 단지 욕망의 억압이나 승화가 아니다. 영

원한 존재와의 관계에서 받은 축복된 생활은 고결한 성품과 경제적 번영을 통해 알려진다. 단지 감각적 향락 추구에 얽매이면 자아의식을 일시적 쾌락과 피상적 생활로 바꾸면서 절망하게 된다. 절망하고 있는 자신의 현실을 정직하게 받아들이면 오히려 자아의 형성과 번영하는 삶의 계기가 될 수 있다.

키에르케고어는 자기 자신에게 정직해짐으로써 현실의 변화를 추구했다. 그에게는 단지 지식의 전수가 아니라 구체적 실천이 더 효과적 의사소통이다. 오늘날 의사소통의 관계는 인류가 직면한 환경 위기에서 자연으로 확장되고 있다. 즉, 자연도 그 자체로 내재적 가치(intrinsic value)가 있다는 주장이다. 그러므로 자연은 단지 유용성의 대상이 아니라 인간과 함께 있다는 신념이다.

인간의 사회적 관계는 영원한 삶을 바라는 영혼의 활동에 근거한다. 타인을 속이는 행위는 사실 자기 자신을 먼저 속이면서 가능하다. 영원한 삶의 업적을 남기고 싶은 '나'의 활동은 AI, GAI 등으로 표현된다. 우리가 직면한 AI에 대한 윤리적 평가는 사실 AI의 생산자와 소비자의 윤리적 성품에 대한 논의다. 인간 본성에 걸맞은 '나'는 자기 자신과 의사소통이 먼저 이루어져야 다른 사람과 소통할 수 있다.

참고문헌

Cassirer, E.(1962). *An essay on man.* 최명관 옮김(1988), 『인간이란 무엇인가』. 서광사.

Rawls, J.(1971). *A theory of justice*, Harvard University Press.

Spaemann, R.(2000). *Happiness and benevolence.* S. J. Jeremah Alberg(Trans.). University of Notre Dame Press.

09
삶의 성취와 리더십

영원한 삶을 바라는 마음은 번영의 근거다. AI를 통한 자기표현은 고결하고 번영하는 삶으로 나타난다. 자신을 스스로 가두는 칩거의 생활은 번영을 막는다. 우리는 단지 생각이 아니라 실제로 번영하길 원한다. 번영하는 삶은 실존적 불안을 믿음으로 극복할 때 가능하다. 반영하는 생활은 타인에게 영향력을 미치는 리더십이 된다.

AI와 화장품?

번영에 저항하는 불신앙

AI는 번영하는 생활의 최첨단 표현이다. 우리는 자신의 가능성이 현실에서 실제로 이루어지길 바란다. 번영하는 생활은 생각의 한계를 극복하고 변화를 실제로 추구하면서 가능해진다. 구체적 변화를 불러와야 생각은 의미가 있으며 타인과 의사소통도 지속할 수 있다. 자아의 발달이 드러나는 고결한 성품과 경제적 번영은 논리적 추론이나 이성의 한계를 넘어선다.

자아는 불안을 동반하면서 구체적 생활에서 번영한다. 반대로 번영하지 못하는 자아는 실존적 불안을 극복하지 못하는 불신앙 때문이다. 불신앙은 선과 관계하지 않으려고 한다. 믿음을 받아들이지 못하고 선을 피하는 생활은 게으름, 나약, 무관심을 통해 나타난다. 이런 어리석음, 우울, 변덕의 극복은 자아 형성의 표현인 믿음의 선한 행위로써 가능하다.

실존적 불안을 극복할 수 있는 믿음을 받아들이지 않으면 자유를 상실한다. 자아가 자유를 상실하면 자신을 가두며 선을 행하길 불안해한다. 삶에 깃들어 있는 실존적 불안을 두려워하면 자신을 가두는, 칩거(inclosing reserve)의 삶을 살아간다. 이런 현실에서는 번영하는 생활이 어렵다. '나'를 적극적으로 표현하지 못하는 까닭은 영원한 존재와 관계없이 자기하고만 관계하기 때문이다.

우리는 원하는 일이 이루어지지 않으면 분노한다. 이해하고자 하나 이해되지 않으니 '거치는 것(stumbling)' 즉 분노가 생기게 된다. 하느님의 용서와 자기 자신에 대한 용서는 분리될 수 없다. 용서는 영원을 사모하는 '나'와 영원한 존재 사이의 관계 회복이다. 몸과 마음의 건강한 관계는 영원한 존재와의 관계에서 이루어진다. 영원한 삶의 흔적을 남기려는 자아는 번영하는 생활을 통해 주위에 영향력을 발휘한다.

키에르케고어는 인간에게 다가와 진리를 계시하는 이를 구원자, 해방자, 혹은 분노의 상태를 제거해 주는 화해자라고 부른다. 순간(瞬間)이 결정적 의미를 지닐 때는 이 구원자를 믿음으로 만나는 순간이다. 그리스도 신앙에서 인간이 받는 복된 소식의 핵심은 하느님의 은혜와 용서다. 진리가 모순적으로 보이듯이 원죄도 인간의 이성만으로는 충분히 이해되지 않는다.

불안을 계속 야기하는 죄는 믿으려는 용기로 극복된다. 영원한 존재와의 관계에서 교묘하고 간교한 죄를 극복하는 길은 신앙이다. 단번의 신앙으로 삶에 깃든 불안이 완전히 없어지지 않더라도 순간과 영원의 종합이 가능해진다. 원죄의 부정적 영향으로서 불안은 신앙의 실천으로 극복된다. 진리는 단지 추상적 앎이 아니라 믿음의 구체적 행동으로 표현된다.

믿음이 함께하지 않는, 즉 자유롭지 못한 생활은 미신과 불신앙으로 드러난다. 미신은 실존적 불안에 수동적으로 적응하는 불신앙이다. 미신은 자신의 고유한 주체성을 객관성에 굴복시킨다. 한편 불신앙은 타자를 우습게 여기는 조소로써 나타난다. 단지 생각에 매달리는 내면의 공허는 적극적으로는 불신앙으로, 소극적으로는 미신으로 나타난다. 불안해하면서 믿지 못하면 불신앙과 미신이 나타난다.

위선은 타자의 관계에서 능동적이고 격분은 수동적 태도다. 내면이 공허하기에 나타나는 위선은 자신에 대해 분노하고 격분은 자신에 대해 위선적이다. 둘 다 자기 자신에 진실하고 정직한 자아가 되려고 하지 않는 모습이다. 정직한 자아가 되고자 하지 않는 격분은 결국 자신과 타인 모두에게 위선적으로 된다.

신약 성경에서 불신앙은 그리스도에게 "나와 당신이 무슨 상관이 있나?"로 드러난다. 오만은 적극적으로 비겁은 소극적으로 표현된 공허한 자아의 모습이다. 선을 행하는 일에 대한 불안은 비겁한 태도로 계속 나타난다.

오만은 비겁하게도 진정한 자기 자신에 정직해지려고 하지 않는다. 내면의 진지함으로 표현되는 구체적 자유와 믿음을 상실하면 삶의 흔적을 남기지 못하고 공허하게 된다.

번영하는 삶을 단지 논리적 추론으로 이해하면 구체적 생활이 아니기에 공허해진다. 영원을 사모하는 삶을 비웃는 이유는 내면의 확실성이 부족하기 때문이다. 진리에 대한 내면의 확신은 각자 자신을 구체적 행동으로 드러낸다. 이렇게 내면의 확신은 구체적 행동으로 드러난다. 신앙의 구체적 행위를 통해 표현되는 정직한 자아는 고결한 삶과 경제적 번영을 성취한다.

번영하는 삶의 리더십

자아는 영원을 사모하는 인간 본성에 정직해지면서 형성된다. 피하고 싶은 실존적 불안과 절망을 극복하며 자아가 구체적 현실에서 번영한다. 영원을 사모하는 자아의 표현이 오늘날 AI라는 새로운 문화 형식으로 나타났다. 물리적 시공간의 한계를 극복하려는 자아가 본능의 승화에서 나아가 AI로 확장되고 있다. '나'를 찾는 고결한 삶은 직관적 매력의 영향력을 발휘하는 리더십의 근거다.

알래스데어 매킨타이어(Alasdair McIntyre)와 위르겐 하버마스(Jürgen Habermas)도 규범적 윤리학의 현실성 없는 논쟁을 피한다. 이들은 규범적 윤리학을 단지 학문이 아닌 구체적 생활에서 이해했다. 즉, 고결한 삶으로 표현되는 리더십은 일방적 지시나 정보의 제공을 넘어서 구체적 실천을 동반해야 효과적이다. 키에르케고어는 구체적 실천을 통한 의사소통 즉 실존 전달(existence communication)을 반복하여 권했다.

번영하는 삶은 이전에 익숙했던 일이 낯설어지고 낯선 일이 익숙해지며 이루어진다. 각 개인이 자신의 가능성을 현실로 만들 때 질적 변화를 가져오는 불안을 겪는다. 불안은 필연적이면서 또한 자유로운 우리의 삶에 깃들어 있다. 죄와 신앙이 자유가 아니라 필연적으로 세상에 왔다면 불안이 함께하지 않았을 것이다. 이전의 현실과 전혀 관계없이 사람이 행동할 수 있다면 불안하지 않다.

과연 "실제로 번영할 수 있는가?"라는 근본적 물음이 반복하여 제기된다. 우리는 인간의 지(知)적 활동을 결코 낮게 평가하지 않는다. 단지 치밀한 논리에만 매달리는 비현실적 체계는 비판한다. 자연 과학 등 학문 활동은 생활의 실제적 변화를 불러오길 원한다. 자아를 성취하는 과정은 공허하거나 독단이 아니라 고결한 성품과 번영하는 삶을 통해 드러난다.

키에르케고어에게 철학적 관심은 언제나 실제 현실이었다. 그는 과학적 탐구를 결코 일방적으로 비판하지 않았다. 그는 영혼의 활동을 관찰이나 탐색의 대상으로 간주하면서 과학적으로 해결하려는 시도를 비판했다. 그는 독일 관념론을 비판하면서 현실의 실제적 변화를 깊이 추구했다. 그는 단지 인간의 생각에만 매달리는 체계를 비판하며 구체적 삶의 번영을 추구했다.

키에르케고어에서 자유의 활동과 번영은 영원한 존재와의 관계에서 가능하다. 그는 매 순간 영원한 존재와 관계하며 살아가고자 했다. 순간은 시간의 원자(原子)가 아니라 영원한 삶이 표현되는 계기다. 교육 철학자 로널드 만하이머(Ronald Manheimer)는 자아가 차츰 형성되어 가는 과정을 자기화(自己化, appropriation)라고 한다. 삶에 깃든 불안을 믿음으로 극복하며 자아는 자신의 가능성을 구체적 현실로 만들어 간다.

감각적 향락 추구의 리더십은 삶을 영원에 잇대어 생각하지 않고 자신의 이익만 극대화하다가 절망한다. 삶의 문제를 자신의 힘만으로 해결하려는 분투는 실제 평안과 번영을 경험하기 어렵다. 완벽주의적 생활은 윤리적 성숙으로 말미암는 자기다움의 즐거움을 주지 못한다. 종교적 리더십은 신비적, 초월적 존재와 '순간적' 관계를 뜻하는 직관을 중요하게 받아들인다.

도덕적 수월(moral excellence)의 리더십은 자아를 실현하는 책임 있는 행위로서 가능한 세계를 현실화한다. 키에르케고어는 삶의 새로운 지평을 여는 신앙으로 실존적 불안과 절망을 극복했다. 도덕적으로 뛰어난 자아의 형성은 사회적 영향력을 통해 리더십을 나타낸다. 이런 지도력은 삶의 질적 변화와 성취를 가능하게 한다.

독창적 개인의 리더십은 치밀한 논리와 함께 구체적 실천을 동반한다. 인간의 존엄과 번영의 리더십을 폴 오닐(Paul O'neill)은 근로자 안전에 적용했다. 그는 이윤의 추구 이전에 생명의 존엄을 최우선시하여 노동자 안전사고 0에 도전했다. 경제적 타산 이전에 인간의 존엄을 우선시하는 존엄 임금(dignity wage)을 이해할 수 있다.

영원한 삶을 사모하며 '나'를 찾는 생활은 번영하는 생활의 출발이다. 논리적 추론을 넘어서는 실존적 성숙은 윤리적 행위와 번영하는 삶으로 검증된다. 우리는 실존적 불안과 함께 자아를 형성할 때 고결한 삶과 경제적 번영을 성취한다. 에드먼드 펠프스(Edmund Phelps)는 경제적 번영의 근거로서 현대적 가치인 개인의 역동적 자기표현을 강조한다. 그는 자아의 표현과 경제적 번영 사이의 깊은 상관성을 유럽과 미국의 발전을 통해 입증했다.

참고문헌

Habermas, J.(1998). *Between facts and norms.* The MIT Press.

Kierkegaard, S.(1980). *The concept of anxiety.* R. Thomte(Trans.). Princeton University Press.

MacIntyre, A.(1997). *Verlust der tugend*, Suhrkamp.

10
실존적 절망과 번영하는 삶

'나'의 번영은 온 인류에게 영향을 미친다. 우리는 유한, 필연, 순간의 현실에서 무한, 자유, 영원의 차원으로 모험적으로 나아가며 번영하는 삶을 성취한다. 새로운 비전과 상상력은 경제적 번영을 이룩했다. 역동적 개인의 기술 혁신은 연대 의식을 극복하며 번영의 삶을 성취했다.

종교와 AI?

왜 삶이 번영하지 못하나?

왜 번영하는 생활을 하지 못하는가? 자아가 형성되지 못하고 절망하기 때문이다. 영혼의 활동에서 병(病)인 실존적 절망에는 세 모습이 있다. ① 절망하여 자기 자신이 있음을 자각하지 못한다. ② 절망하여 자기가 되려고 하지 않는다. 즉, 자기 아닌 다른 누구, 혹은 다른 무엇이 되려는 절망이다. ③ 절망하여 자신의 힘만으로 즉 영원한 존재와 관계하지 않으면서 자기가 되려고 하는 절망이다.

자아는 영혼의 활동을 통해 반복하며 형성된다. 영혼의 활동으로서 자유는 각 개인으로서 불멸의 자취를 남기고자 한다. 사람은 영원한 삶을 의식할수록 자아가 형성되고 성숙해진다. 『죽음에 이르는 병』에서 인간이란 "유한과 무한, 시간과 영원, 필연과 자유의 종합"이다. 종합이란 이들 둘 사이의 관계다. 인간의 영혼은 모순적 두 요소를 결합하면서 활동한다.

자아가 개개의 현상에만 감정적으로 집착하면 각자 자신의 영원한 성취를 남기지 못한다. 자아가 유한, 순간, 필연에만 얽매여 무한, 영원, 자유의 차원으로 나아가지 못하면 연약해지고 절망한다. 반대로 무한, 영원, 자유만 도전적으로 추구하며 유한, 순간, 필연을 돌보지 않으면 자아가 비현실적 생활을 하면서 공허하게 된다. 어떤 일이 기대한 대로 되지 않아 절망하는 것 같으나 실상은 그러한 자기 자신에 대한 절망이다. 이런 절망이 실존적 절망이다.

영혼의 활동을 하는 고귀한 존재라는 자각이 없으면 실존적으로 절망한다. 긍정적으로 표현하면 고귀한 영혼으로서 영원한 존재와 관계하면 자아가 형성되고 번영하는 삶을 성취한다. 즉, 번영하는 삶과 절망의 결정적 차이는 영원한 존재와의 관계 여부다. 사람의 본성인 삶의 영원한 발자취를 남기고자 할 때 잠시의 감각적 향락이나 사회적 규범의 준수보다 더 고결한 자아가 표현된다.

키에르케고어에게 인간의 필연성은 영원한 존재와의 관계다. 그러므로 영원한 존재와의 관계에서 필연성과 가능성을 종합해 자아를 형성한다. 자아가 필연성을 받아들이지 않고 가능성만 추구하면 번영하는 삶을 성취하지 못하고 추상적 세계에만 머무른다. 번영하는 삶은 단지 학문적 필연성으로 성취되지 않고 구체적 현실에서 필연성과 가능성을 종합하면서 이루어진다.

필연성에만 얽매여 삶이 운명적으로 정해졌다고 간주하고 가능성으로 나아가지 못하면 각 개인은 절망한다.

즉, 모든 것이 이미 결정되었다고 여긴다. 그러므로 번영하는 자아가 이루어지지 않는 까닭은 새로운 가능성을 두려워하며 저항하기 때문이다. 가능성에 대한 저항은 자기 자신에게 정직하지 못한 연약함의 표현이다. 삶을 단지 운명으로 받아들이면 현실적으로 성취의 체험이 없게 된다.

영원한 존재와 신앙으로 관계하는 영혼의 활동이 없으면 단지 속물적으로(philistine bourgeois) 살아가게 된다. 이런 생활은 자아에 대한 깊은 의식이 없이 감각적 즐거움과 심리적 만족 수준에 머무른다. 영원한 삶을 의식하지 못하니 오직 이 세상의 무엇을 잃으면 절망한다. 즉, 이 세상에 얽매여 살아가며 영원하지 않은 대상들에게 절대적 의미를 부여하며 절망한다.

자신의 힘만으로 영원한 삶을 추구하면 도전적 절망에 이르게 된다. 도전적 절망은 영원한 존재와 믿음의 관계가 아니라 자신의 노력만으로 번영하려는 절망이다. 즉, 자기 자신을 무한한 존재로 착각하며 절망한다. 자신의 힘만으로 어떤 외부 환경의 변화에도 흔들리지 않는 자아가 되려고 한다. 이런 절망은 영원한 존재와 함께하는 가능성을 믿지 않기에 구체적 현실이 아니라 추상적 차원에 머물게 한다.

누구나 자기 삶의 흔적을 남기려는 본성에서 벗어날 수 없다. 지나간 실수나 불행을 이미 과거의 일로 받아들이지 못하면 미래로 나아가지 못하고 절망에 붙잡힌다. 더구나 절망하여 영원한 삶을 잊고 잠시의 향락에 빠져 살면 영원한 삶을 사모하지 못하게 된다. 잠시의 즐거움에 매달리며 살아가면 각자가 자신만의 고유한 탁월성을 발휘하지 못하게 된다.

나와 너의 번영하는 삶은 서로 영향을 주고받는다. 그리스도 신앙에서 원죄와 구속은 타인에게 영향을 미친다. 서로 주고받는 영향을 부인하면 죄 없이 태어난다는 펠라기우스주의(Pelagianism)가 된다. 소시니안주의(Socinianism)도 원죄와 예수 그리스도의 신성을 부인한다. 박애주의적 개인주의(philanthropic singularism)는 개인의 노력만으로 도덕적 종교적 완전주의를 추구한다.

자신의 실존적 절망에 정직할 때 신앙의 번영으로 나아갈 수 있다. 키에르케고어에서 실존적 절망의 극복은 영원한 존재인 그리스도와의 관계에서 가능하다. 『죽음에 이르는 병』에서 육체의 죽음은 끝이 아니라 영원한 삶에 이르는 길이다. 그러나 절망은 죽음에 이르는 병이다. 인간 내면 즉 영혼 깊은 곳에 '나'의 확신이 없으면 단지 형식적 종교 행위가 있게 된다.

삶의 흔적을 남기려는 자아는 단지 추론이 아니라 영원한 존재와의 관계에서 형성된다. 신의 존재에 대한 확신이 부족하면 신을 증명하는 일에 매달리게 된다. 온 정력을 기울여 신을 증명하고자 하면 하느님에 대한 내면의 확신은 약해진다. 키에르케고어에서 각 개인은 가장 궁극적 존재와의 관계에서 종교적으로 설계되어 있다. 영원한 존재로서 하느님은 늘 가능성을 갖고 있다.

로베르트 슈페만(Robert Spaemann)과 존 롤스(John Rawls)에서 인간의 존엄은 더 나은 사회를 위해 자발적으로 받아들이는 전제지 증명의 결과가 아니다. 자아를 찾는 나와 너는 절대적 존재와 절대적으로 관계하고 상대적 대상들은 상대적으로 대한다. 영원한 존재와 관계하는 내면의 확신은 논리에서 나아가 인격의 실제 변화와 경제적 번영을 가져온다. 이런 번영의 삶이 마침내 AI, GAI를 통한 리더십으로 가속화하고 있다.

경제적 번영과 리더십

높고 낮은 지위와 관계없이 누구나 자아의 발달에 따라 리더십의 영향력을 발휘한다. 에드먼드 펠프스(Edmund Phelps)에 의하면 현대 사회의 역동적 개인과 기술 혁신은 19세기 초부터 유럽과 미국에서 이루어진 경제적 번영을 가능하게 했다. 각 개인의 새로운 비전과 상상력은 전통적 연대 의식을 극복했다. 나와 너의 번영과 성취는 온 인류에게 영향을 미치는 역사가 된다.

그리스도 신앙에서 번영하는 생활은 하느님 언약(Covenant)의 성취로 받아들인다(신명기 8장 17~18절). 특히 칼뱅주의(Calvinism)는 근면한 활동으로 말미암는 풍요한 삶에 정당성을 부여한다. 재화의 주관적 가치를 강조하는 오스트리아학파 경제사학자 게리 노스(Gary North)는 현대 사회의 급격한 경제 발전을 높은 윤리의식과 미래에 대한 낙관적 시각에서 찾는다.

노스는 미래에 대한 낙관적 시각을 후(後) 천년설(千年說)의 세속적 표현으로 받아들인다. 그리스도 신앙에서 후 천년설은 심판의 그리스도가 다시 오기 전 이상적 사회가 세워진다는 종말론의 주장 중 하나다. 노스에 의하면 로마 제국 시대에 새 소식을 한 시간에 1마일 전했고, 산업 혁명 전에는 한 시간에 1.4마일, 산업 혁명의 기술 발전으로 1844년 전보(電報)로 1초에 18만6000마일 전할 수 있었다.

애덤 스미스(Adam Smith)는 타인에 대한 공감 능력을 함께하는 개인의 자기 이익(self-interest)의 추구는 개인과 사회 발전의 원동력이라고 주장한다. 그레고리 클라크(Gregory Clark)에 따르면 1800년 이전까지는 인류 역사의 경제 발전에서 급격한 변화가 없었다. 그러나 18세기 중반부터 19세기 중반까지 진행된 산업 혁명은 그전 역사와 비교할 수 없는 경제적 · 사회적 발전을 가져왔다.

각 개인이 자신의 가능성을 현실화하면서 번영하는 생활은 타인과 인류를 위하는 길이다. 앵거스 매디슨(Angus Maddison)은 영국의 1950년과 1800년을 비교하면서 평균 수명은 두 배, 생활 수준은 네 배가 증가했다고 한다. 산업 혁명의 기술 혁신으로 토머스 맬서스(Thomas Malthus)의 1798년 비관적 예언 즉 "농업의 식량 생산보다 인구가 훨씬 빠르게 증가한다"도 극복되었다. 물론 산업 혁명의 영향이 모든 나라에 미치지는 않았다.

막스 베버(Max Weber)에서 보듯이 금전적 수입에서 나아가 소명(召命)의 성취에서 더 나은 삶이 이루어진다. 각 개인의 새로운 혁신은 생산품의 증가와 임금의 상승뿐만 아니라 내면의 행복을 가져왔다. 자아실현에 대한 자각이 미흡한 사회에서 사회 경제적 발전이 한계에 다다르는 현실은 당연하다. 개인의 창조적 자발성을 존중하지 않는 전체주의 사회에서는 삶의 깊은 성취감을 체험하기 어렵다.

우리는 매 순간 한 개인이며 온 인류로서 살아간다. 자기 자신을 알면 온 인류를 알게 된다(unum noris, omnes, if you know one, you know all). 한 개인이며 인류로서 자아의 형성과 번영은 타인의 삶에 적극적 영향을 주며 인류의 역사에 공헌한다. 누구나 자기이며 인류이기에 다른 사람으로부터 도움을 받고 다른 사람에게 기여한다. 자신을 표현하는 과정은 시간과 함께 역사적 행위가 된다.

우리는 자아의 형성과 계발을 통해 탁월하고 번영하는 삶을 성취할 수 있다. 나와 너는 다른 사람과 관계하기 전에 자기 자신과 먼저 관계한다. 물론 키에르케고어에서 자기 관계는 영원한 존재와의 관계에 근거한다. 영원한 존재와 관계하지 않으면 자기 자신과 관계하지 못하니 결국 자아가 형성되지 않아 절망한다. 실존적 절망은 오히려 영원한 존재를 찾으며 자아를 형성하는 적극적 계기가 될 수도 있다.

영원한 존재와 믿음의 관계는 존엄한 자아를 형성하는 근거다. 운명처럼 주어진 신분을 극복한 현대 사회에서 자아의 표현은 번영하는 삶의 출발이다. 고결한 성품의 리더십은 삶의 성취에 관여하기에 특정의 기술보다 우선한다. 번영하는 생활은 리더십의 확장으로서 AI를 활용하고 있다. 윤리적 매력이 드러나는 리더십은 AI 등 정보의 이용에서 나아가 경제적 번영과 내면의 만족을 성취하게 한다.

참고문헌

Kierkegaard, S. A.(1849). *Sygdommen til d ø den.* 임춘갑 옮김(2011). 『죽음에 이르는 병』. 치우.

Kierkegaard, S. A.(1980). *The sickness unto death.* H. Hong & E. Hong(Trans.). Princeton University Press.

North, G.(2013), How Come We're soch Rich?, Youtube.

Ware, T.(2024). *A new era of leadership with AI: How artificial intelligence may influence leadership.* Independently Published.

Weber, M.(2024). *Die protestantische ethik und der geist des kapitalismus.* Independently Published.

황종환

한남대학교 명예교수(철학 상담)다. 독일 뮌헨대학교(LMU)에서 철학박사(Ökologische Gerechtigkeit. Eine interkulturelle Begründung, 생태적 정의. 상호문화적 근거화)를, 서울대학교에서 교육학박사(생태 윤리의 근거 정립을 위한 자연관 연구)를 취득했다. 고려대학교 철학과와 합동신학대학원대학교(현)를 졸업했다. 미국 컬럼비아대학교 철학과 교환교수, 세인트 올라프(St. Olaf)대학, 홍 키에르케고어 도서관(The Hong Kierkegaard Library) 방문교수, 한국 키에르케고어 학회 회장을 역임했다. 한국연구재단 지원 저서 『키에르케고어와 도덕교육』, 『키에르케고어의 '나'를 찾는 도덕 발달』, 논문 "번영하는 삶을 위한 불안과 절망의 극복" 등 40편이 있다. 실존 사상가 키에르케고어에서 '나'의 형성과 노벨 경제학상 수상자 펠프스 교수의 경제적 번영을 중심으로 번영하는 삶을 연구한다.